Beiträge

zur Erläuterung und Beurtheilung

des Entwurfes

eines

Bürgerlichen Gesetzbuches

für das Deutsche Reich.

Unter Mitwirkung

von

Dr. **J. Fr. Behrend,** Reichsgerichtsrath, Dr. **F. Bernhöft,** Professor in Rostock, Dr. **E. Eck,** Geh. Justizrath und Professor in Berlin, Dr. **O. F. Gierke,** Geh. Justizrath und Professor in Berlin, Dr. **R. Koch,** Vicepräsident des Reichsbankdirectoriums, Dr. **J. Krech,** Kaiserl. Geh. Regierungsrath in Berlin, Dr. **F. E. von Liszt,** Professor in Marburg, **E. Meischeider,** Reichsgerichtsrath, Dr. **J. Petersen,** Reichsgerichtsrath, Dr. **R. Schröder,** Geh. Hofrath und Professor in Heidelberg, Dr. **L. Seuffert,** Professor in Erlangen, **F. Vierhaus,** Oberlandesgerichtsrath in Cassel, Dr. **E. Zitelmann,** Professor in Bonn,

herausgegeben

von

E. J. Bekker, und **O. Fischer,**

Geheimrath und Professor in Heidelberg, **Professor in Greifswald.**

Erstes Heft:

Vierhaus, die Entstehungsgeschichte des Entwurfes.

Berlin und Leipzig.

Verlag von J. Guttentag

(D. Collin)

1888.

Die Entstehungsgeschichte

des Entwurfes

eines

Bürgerlichen Gesetzbuches

für das Deutsche Reich.

In Verbindung mit einer Uebersicht
der privatrechtlichen Kodifikationsbestrebungen in Deutschland

dargestellt

von

Felix Vierhaus,
Oberlandesgerichtsrath in Cassel.

Berlin und Leipzig.
Verlag von J. Guttentag
(D. Collin)
1888.

Inhalt.

Einleitung.

§ 1.

Die Entstehungsgeschichte des Entwurfes eines bürgerlichen Gesetzbuches für das Deutsche Reich wird nicht begrenzt durch den Zeitraum, welchen die Einsetzung der zu seiner Ausarbeitung bestimmten Kommission und die Berathungen dieser letzteren ausfüllen. In dem Entwurfe verkörpert sich ein Bestreben, welches viel weiter zurückreicht. Der Gedanke an ein solches Werk mußte erst in Jahrzehnte langen Kämpfen reifen, ehe die Schaffung des Gesetzbuches mit einiger Aussicht auf Erfolg in Angriff genommen werden konnte.

Der Entwurf hat bis jetzt erst eine Stufe der gesetzgeberischen Arbeit durchlaufen. Er ist nur im Schooße einer und derselben Kommission berathen worden und stellt sich sonach in seiner vorliegenden Fassung als das Schlußergebniß einer einheitlichen Arbeit dar. Was auch innerhalb der Kommission an Meinungen, an Richtungen hervorgetreten sein mag, welche Wandelungen auch die einzelnen Bestimmungen durchgemacht haben mögen: es hieße den Grundkarakter der Arbeit verkennen, wollte man jene zu erforschen, aus ihnen Anhaltspunkte für die Auslegung des Werkes zu gewinnen suchen. Die Kommission hat ein Recht darauf, ihr Erzeugniß aus ihm selbst allein beurtheilt zu sehen.

Aus diesen beiden Gesichtspunkten ergiebt sich eine zwiefache Richtschnur für die nachstehende Geschichte des Entwurfes.

Zuerst negativ: die Geschichte der inneren Arbeiten der Kommission wird nur in ihren äußeren Umrissen darzustellen sein. Sie bietet nur insoweit Interesse, als es bei jedem hervorragenden Geisteswerke anziehend ist zu verfolgen, wie seine Schöpfer es vollendet haben. Sollte der Entwurf demnächst Gesetz werden, dann wird die bedeutungsvolle Aufgabe erwachsen, die ferneren Stufen der Arbeit zu verfolgen, aus ihrem Verhältnisse zu dem vollendeten Ganzen festzustellen, welchen Werth die einzelnen Abschnitte der Entstehungsgeschichte für das Verständniß des Entstandenen beanspruchen können.

Auf der anderen Seite positiv: der zutreffende Standpunkt für die Beurtheilung des Entwurfes zwar nicht vom juristisch-technischen, wohl aber vom politisch-nationalen Standpunkte aus kann nur gewonnen werden, wenn auf den Gesammtverlauf der deutschen Kodifikationsbestrebungen zurückgegangen, wenn der Entwurf als die Erfüllung eines lange gehegten Wunsches des deutschen Volkes betrachtet, wenn ferner den Schwierigkeiten Rechnung getragen wird, unter denen der Gedanke eines einheitlichen deutschen Civilgesetzbuches endlich Gestalt gewonnen hat.

Wie weit die rechtsgeschichtliche Betrachtung zurückzugehen haben wird, könnte zweifelhaft erscheinen. Allein da die Geschichte der deutschen Kodifikationsbestrebungen hier nur als Grundlage für die Entstehung des gegenwärtigen Entwurfes in Betracht zu ziehen ist, so weisen sowohl das Erwachen des deutschen Volksbewußtseins als auch die Entstehung einer einheitlichen und ihrer Einheit bewußten deutschen Rechtswissenschaft auf den Thibaut-Savignyschen Streit im Jahre 1814 als Grenze hin. Die großen Kodifikationen um die Zeit der Wende des Jahrhunderts, das Preußische Landrecht, das Oesterreichische allgemeine bürgerliche Gesetzbuch und der Code civil stehen auf wesentlich anderem Boden. Sie sind in bewußtem Gegensatze zu dem geltenden gemeinen Rechte, also nicht, um einheitliches, sondern um partikulares Recht zu schaffen, eingeführt worden. Sie beruhen auf einer von der heutigen durchaus verschiedenen wissenschaftlichen Grundlage. Sie entstammen — auch der Code civil in gewissem Sinne — dem absolutistischen Staate, dem mächtigen Willen einzelner Herrscher, nicht dem organischen Zusammenwirken einer Volksvertretung mit der Regierung. Sie waren für einheitliche, straff zentralisirte Staaten, nicht für einen Bundesstaat bestimmt. Für die Entstehungsgeschichte des Reichs-Entwurfes hat lediglich das technische Moment der Ausarbeitung jener Gesetzeswerke, die Art und Weise Bedeutung, in welcher ihre Verfasser den Stoff zu sammeln und zu verarbeiten suchten. Nur in letzterer Hinsicht werden jene drei Gesetzbücher daher im Folgenden zu berücksichtigen sein.

I.

Die drei großen Gesetzbücher aus der Zeit um 1800.

1. Das Allgemeine Landrecht für die Preußischen Staaten.[1])

§ 2.

Nachdem Friedrich der Große wenige Jahre nach seinem Regierungsantritt in § 24 der Verordnung vom 31. Dezember 1746 dem Großkanzler von Cocceji befohlen hatte,

> ein deutsches allgemeines Landrecht, welches sich bloß auf die Vernunft und Landesverfassungen gründet, zu verfertigen,

erschienen 1749 und 1751 die beiden ersten, das Personenrecht und die dinglichen Rechte enthaltenden Theile eines „Projekts des Corporis juris Fridericiani". Dann ruhte der Plan, bis aus Anlaß der in den Jahren 1774 ff. stattfindenden Erörterungen über eine Prozeßreform seitens des damaligen Großkanzlers von Fürst in einem Immediatberichte vom 3. Juni 1776 abermals die alsbaldige Anfertigung eines allgemeinen vollständigen Gesetzbuches angeregt wurde; die Anregung blieb jedoch wiederum ohne weitere Folge. Erst als nach von Fürsts Sturze (Dezember 1779) der bisherige schlesische Justizminister von Carmer zum Großkanzler ernannt war, wurde in der auf seinen Antrag ergangenen Kabinetsordre vom 14. April 1780 nicht nur die Ausarbeitung einer neuen Prozeßordnung, sondern auch die Reform des Civilrechts in Aussicht genommen. Es sollten die

---

1) Vgl. Simon, Bericht über die scientifische Redaktion der Materialien der preußischen Gesetzgebung in Mathis, Allgemeine jurist. Monatsschrift für die Preußischen Staaten. Bd. 11 S. 191 bis 286 g. — Stölzel, Carl Gottlieb Svarez. Berlin 1885. S. 156 bis 190, 220 bis 279, 320 bis 403. — Stobbe, Gesch. der deutschen Rechtsquellen § 91 (Bd. 2 S. 442).

Provinzial- und statutarischen Rechte der verschiedenen Provinzen gesammelt und statt des rezipirten römischen Rechtes ein allgemeines subsidiarisches Gesetzbuch für die gesammten königlichen Staaten angefertigt werden, welche in dem Gesetzbuche das corpus juris civilis romani, gereinigt von Widersprüchen und von allen Bestimmungen, welche sich auf die Römische Verfassung bezogen, und ergänzt durch alle Vorschriften, welche unsere bürgerlichen Verhältnisse und der Standpunkt unserer Kultur nothwendig machten, in einer systematischen Ordnung, und in deutscher Sprache erhalten sollten.

Die Vorarbeiten zu dem Werke begannen mit der Aufstellung eines Planes. Nach demselben sollte zuvörderst ein ordentlicher, getreuer und vollständiger Auszug aus dem corpus juris angefertigt und dieser Auszug sodann nochmals speziell in verschiedenen Richtungen (Landesgesetzgebung, Rechtsprechung, Prüfung des Werthes der Vorschriften, Vorschlag neuer Bestimmungen) durchgearbeitet werden. „Sowie ein Hauptheil dieser Materialien fertig war, wurden dieselben unter unmittelbarer Aufsicht des Großkanzlers revidirt, geprüft, ergänzt und in eine gewisse Form und Ordnung gebracht" (Svarez). Diese Materialien wurden dem Großkanzler von dem Assistenz-, späteren Kammergerichtsrath Klein vorgetragen, welcher auch die erste Fassung der Paragraphen vorschlug; die weitere Redaktion besorgte der Oberamtsregierungsrath, demnächstiger vortragender Rath im Justizministerium Svarez, dessen Redaktion dann dem gleich zu erwähnenden gedruckten Entwurfe zu Grunde lag.

Der so hergestellte Entwurf wurde stückweise den Mitgliedern der Gesetzeskommission mitgetheilt und (1784—1788) in 6 Abtheilungen publizirt, mit der öffentlichen Aufforderung an philosophische Rechtsgelehrte und praktische Juristen, den Entwurf zu prüfen und ihre Einwendungen einzusenden.[2] Außerdem fand eine Versendung an einzelne Rechtsgelehrte unter Erbittung ihrer Einwendungen statt. Es wurden für die besten einlaufenden Kritiken Preismedaillen ausgelobt und vertheilt. Außerdem wurden die Theile des Entwurfes den einzelnen Regierungen, als den damaligen Oberlandesjustiz-Kollegien, zur Prüfung und demnächstigen Einsendung ihrer Bemerkungen zugefertigt.

[2]) Als eine erste Anregung eines gemeinsamen deutschen Civilgesetzbuches verdienen aus den öffentlichen Kritiken des Entwurfes folgende Worte Pütters (in dem 105. Stück der Göttinger gelehrten Anzeigen vom 1. Juli 1784, hier angeführt nach Stölzel a. a. O. S. 338) Erwähnung: „Wird nicht jeder Patriot mit uns wünschen, daß daraus ein ähnliches Gesetzbuch für jede andere deutsche Staaten erwachsen möchte? oder warum nicht selbst für ganz Deutschland?"

Ferner wurden den Provinzialständen durch die Regierungen Erinnerungen abgefordert. Endlich trat der Großkanzler über solche Materien, welche spezielle Zweige der Staatsverwaltung betrafen, mit den entsprechenden Ressortbehörden in Verbindung.

Die eingehenden zahlreichen Erinnerungen, welche 39 Aktenbände füllen, wurden demnächst in einem (immerhin noch 8 Bände umfassenden) extractus monitorum gemäß einem von Svarez herrührenden Plane von einer Anzahl von Juristen zusammengestellt. Ueber diesen Extrakt erstattete Svarez einen eingehenden Bericht, die Revision der monitorum. Gleichzeitig arbeitete er auf Grund der Monita den Entwurf um. Den neuen Entwurf erhielt alsdann die Gesetzes-Kommission zur Prüfung; die Monita derselben gaben zu nochmaligen Konferenzen Veranlassung. Am 20. März 1791 vollzog der König das Publikationspatent, nach welchem das Gesetzbuch unter dem Titel

„Allgemeines Gesetzbuch für die Preußischen Staaten"

am 1. Juni 1792 in Kraft treten sollte.

Durch Kabinetsordre vom 18. April 1792 wurde bestimmt, die gesetzliche Kraft des allgemeinen Gesetzbuches solle „vor der Hand noch, bis zur allgemeinen Bekanntmachung und Einführung desselben die ferneren Maßregeln genommen seien, suspendirt bleiben". Demnächst und zwar erst durch Ordre vom 12. November 1793, wurde dem Großkanzler aufgegeben, sich der Umarbeitung des Gesetzbuches, welches den Titel

„Allgemeines Landrecht für die Königlich Preußischen Staaten"

erhalten sollte, zu unterziehen, und bei derselben „alle Sätze, die das Staatsrecht und die Regierungsform betreffen, ingleichen alle neue, aus den bisher bestandenen Gesetzen nicht fließende, und zu deren Bestimmung und Ergänzung nicht dienende Vorschriften wegzulassen". Die Ausführung dieser Ordre geschah durch Svarez in der sog. „Schlußrevision",[3]) welche im Staatsrathe vorgetragen und berathen wurde. Unter dem 5. Februar 1794 erging dann das Publikationspatent, durch welches das Landrecht vom 1. Juni 1794 ab Gesetzeskraft erhielt.

Nahezu 14 Jahre lagen also zwischen der grundlegenden Kabinetsordre vom 14. April 1780 und der Vollendung des Werkes, von denen allerdings zwei Jahre auf die nicht durch Mängel des Gesetzbuches, sondern durch politische Gründe veranlaßte Suspension entfielen.

Während der ganzen Arbeit war es in Wahrheit der Großkanzler von Carmer, welcher die Verantwortung für dieselbe trug, und Svarez,

---

[3]) Abgedruckt bei v. Kamptz, Jahrbücher Bd. 41 S. 1 ff.

welcher, wenn auch formell als Carmers abhängiger Gehülfe, doch sachlich auf den Entwurf den weitgehendsten, bestimmenden Einfluß äußerte. Eine Kollegialberathung in der Art, daß durch Majoritätsbeschluß der Inhalt des Entwurfes festgestellt worden wäre, hat niemals stattgefunden, so sehr auch bei den wiederholten Revisionen thatsächlich den Meinungen Anderer Rechnung getragen worden ist.

Das Landrecht war gedacht als ein nur subsidiäres, an Stelle des gemeinen Rechtes tretendes Gesetzbuch. Der Umstand, daß die neben der Ausarbeitung des Landrechtes in Angriff genommene Sammlung und Redaktion der Provinzialrechte ins Stocken gerieth und nicht vollendet wurde, hatte zur Folge, daß allmählich das Landrecht in allen wichtigen Materien das prinzipale Recht wurde.[4]) Sonach ist — abgesehen von der theilweisen Suspension der drei ersten Titel des zweiten Theiles in einigen Landestheilen[5]) — jener anscheinend fundamentale Unterschied des Landrechtes und anderer Kodifikationen praktisch von keiner großen Tragweite gewesen.

2. Das allgemeine bürgerliche Gesetzbuch für die gesammten Deutschen Erbländer der Oesterreichischen Monarchie.[1])

§ 3.

In Oesterreich begannen die Kodifikationsarbeiten früher als in Preußen, führten jedoch erst weit später zu einem Abschluß. Schon im Jahre 1753 berief Maria Theresia eine Kommission, welche die Weisung erhielt, ein auf das Privatrecht beschränktes Gesetzbuch zu entwerfen, dabei soviel möglich, das bereits übliche Recht beizubehalten, die verschiedenen Provinzialrechte, insofern es die Verhältnisse gestatteten, in Uebereinstimmung zu bringen, dabei das gemeine Recht und die besten Ausleger desselben, sowie auch die Gesetze anderer Staaten zu benutzen, und zur Berichtigung und Ergänzung stets auf das allgemeine Recht zurückzusehen. Die Kommission sollte zuerst einen Plan des ganzen Gesetzbuches entwerfen; dann die Bearbeitung der einzelnen Materien unter ihre Mitglieder vertheilen und über die gelieferten Arbeiten

---

[4]) Vgl. Förster-Eccius, Theorie und Praxis des Preuß. Privatr. § 3. (5. Aufl. Bd. 1 S. 14 ff.)

[5]) S. darüber a. a. O. § 4 (S. 16 ff.).

[1]) S. Unger, System des österreichischen allgemeinen Privatrechts Bd. 1, 3. Aufl. (1868), Einl. Nr. II. A 1. (S. 5 ff.); Zeiller, Kommentar zu dem G.-B. 1811 S. 6 ff.; Stobbe, Geschichte d. deutsch. Rechtsqu. § 92 (Bd. 2 S. 476).

gemeinschaftlich berathen. Der Entwurf sollte der Revisionskommission in Wien unterbreitet werden; diese sollte ihre Bemerkungen wieder jener ersten Kommission mittheilen; über streitig bleibende Punkte sollte die Allerhöchste Entscheidung eingeholt werden. [2])

Nachdem Professor Azzoni aus Prag den Plan entworfen hatte, wurde gegen den Wunsch der Kommission, welche mit der Ausarbeitung des Gesetzbuches nur ein Mitglied betraut zu sehen wünschte, die Arbeit unter die Mitglieder vertheilt. Dies Verfahren bewährte sich nicht, nach drei Jahren war kaum der erste Theil vollendet. Die Kommission wurde daher aufgelöst und die Arbeit nur zwei Mitgliedern, Azzoni (nach dessen Tode Zenker) und Holzer, übertragen, von welchen der letztere den Kriminalcodex ausarbeitete.

Der endlich im Jahre 1767 vollendete, acht Foliobände starke Entwurf wurde nicht genehmigt. Die Kaiserin befahl vielmehr 1772 die Anfertigung eines Auszuges aus demselben, mit welcher Arbeit der Regierungsrath Horten betraut wurde. 1782 wurde der erste, das Personenrecht umfassende Theil vollendet und, nach einer nochmaligen Umarbeitung durch Hofrath von Keeß, von Joseph II. am 1. November 1786 publizirt (Josephinisches Gesetzbuch).

Erst nach Josephs II. Tode trug Leopold II. der Hofkommission in Gesetzessachen unter dem Präsidium des Freiherrn von Martini die Abfassung eines neuen, vollständigen Entwurfes auf, dessen drei Theile 1794, 1795, 1796 vollendet und in jeder Provinz einer eigens dazu bestellten Kommission und den Juristenfakultäten der Universitäten zur Beurtheilung vorgelegt, zugleich aber, „damit jeder Sachverständige im In- oder Auslande seine Meinung hierüber eröffnen könne", durch den Druck bekannt gemacht wurden.

Der Entwurf wurde bereits 1797 in Westgalizien (westgalizisches bürgerliches Gesetzbuch) und Ostgalizien eingeführt.

Auf Grund der Monita der Provinzialkommissionen erfolgte in den Jahren 1801—1806 eine Revision des Werkes durch eine besondere Kommission; dann wurde er noch einmal (1806—1808) von einer neuen Kommission durchberathen, schließlich im Staatsrathe geprüft, bis endlich am 7. Juli 1810 die Kundmachung des Gesetzbuches

---

[2]) Der Arbeitsplan bietet manche Aehnlichkeit mit dem von der Kommission der Ausarbeitung eines bürgerlichen Gesetzbuches für das Deutsche Reich befolgten (§ 19) und steht in schroffem Gegensatze zu der in dem Großkanzler von Carmer streng zentralisirten Methode, nach welcher das preußische Landrecht ausgearbeitet wurde.

angeordnet wurde. Am 1. Juni 1811 erging dann das Patent, durch welches das Gesetzbuch am 1. Januar 1812 für alle Deutschen Erbländer (unter Aufhebung des westgalizischen Gesetzbuches) als prinzipales (nicht subsidiäres) Recht in Geltung gesetzt wurde.

3. Der Code civil.

(Das Badische Landrecht.)[1]

§ 4.

Nachdem seit der Revolution verschiedene vergebliche Versuche zur Ausarbeitung eines einheitlichen Civilgesetzbuches unternommen worden waren — insbesondere hatten verschiedene von Cambacérès vorgelegte Entwürfe keine Annahme gefunden, — beauftragte Napoleon I. als erster Konsul mittels arrêté vom 24. Thermidor VIII (12. August 1800) eine aus vier Juristen (Tronchet, Portalis, de Préameneu und Maleville) bestehende Kommission mit der Ausarbeitung des Gesetzbuches. Dieselben vollendeten ihre Arbeit in etwa vier Monaten. Der Entwurf wurde am 1. Pluviose IX durch den Druck veröffentlicht, um ihn der allgemeinen Prüfung zu unterwerfen und außerdem dem Kassationshofe und den Appellationsgerichten zur Prüfung mitgetheilt. Alsdann fand eine Berathung des Entwurfes im Staatsrathe in der Gestalt statt, daß die Gesetzgebungs-Abtheilung des Staatsrathes denselben mit den Verfassern einer Prüfung unter Berücksichtigung der Bemerkungen der Gerichte unterzog, dann die Entwürfe der einzelnen Titel feststellte und dem Staatsrathe vorlegte, bei dessen Debatten die Redaktoren mitwirkten. Napoleon nahm an den Berathungen des Staatsrathes lebhaften Antheil. Die vollendeten Titel wurden unter mündlicher Entwickelung der Gründe der gesetzgebenden Versammlung vorgelegt, von dieser verfassungsgemäß dem Tribunate überwiesen und in diesem in ähnlicher Weise wie im Staatsrathe stückweise durchberathen. Bei diesen Berathungen handelte es sich allerdings nur um Verwerfung oder Annahme, da Besserungsanträge nach der Verfassung ausgeschlossen waren. Dann gelangten die Gesetzesvorschläge an die gesetzgebende Versammlung. Nachdem einer der Gesetzesvorschläge von der gesetzgebenden Versammlung verworfen, bezüglich des zweiten aber vom Tribunate gleichfalls die Verwerfung beantragt war, zog die Regierung mittels Beschlusses vom 3. Januar 1802 die sämmtlichen Theilentwürfe zurück. Erst 1803 wurde die Vorlage wieder eingebracht, es wurden die (36) Theilentwürfe

---

[1]) Zachariä, Handb. d. franz. Civilr. Bd. 1 § 10; Stobbe, Geschichte d. deutsch. Rechtsquellen Bd. 2 § 93 S. 81 ff.

einzeln angenommen und verkündet, bis durch Gesetz vom 30. Ventose XII (21. März 1804) eine zusammenfassende Publikation des „Code civil des Français" stattfand. Eine neue Publikation unter dem 3. September 1807 brachte nur redaktionelle Aenderungen und die anderweite Benennung als „Code Napoléon".[2])

Die Einführung des Code civil in die deutschen Landestheile, in welchen er in seiner ursprünglichen Gestalt noch gilt, geschah in Folge deren damaliger Zugehörigkeit zu Frankreich.[3])

In Baden wurde durch zwei Einführungsedikte vom 3. Februar und 22. Dezember 1809 eine Uebersetzung des Code civil mit der Reihenfolge der Artikel desselben, jedoch mit vielfachen Abänderungen und mit Zusätzen, welche durch Buchstaben unterschieden wurden, als „Badisches Landrecht" eingeführt. Der Verfasser des Werkes war der Staatsrath Brauer.[4])

II.

Der Plan eines Allgemeinen bürgerlichen Gesetzbuches für Deutschland und die Rechtswissenschaft.

§ 5.

Es ist lange Zeit hindurch das Schicksal des deutschen Volkes gewesen, daß die Gemeinsamkeit seiner wichtigsten Interessen auf dem Gebiete des Geisteslebens nur in der privaten Arbeit der Männer gepflegt wurde, welche sich jenen Zweig der Wissenschaft oder der Kunst zur Lebensaufgabe gemacht hatten. Diese Privatthätigkeit mußte damals für das schwachen Ersatz bieten, was jetzt als Aufgabe des wiedererstandenen Reiches betrachtet wird, eines Reiches, welchem gleich im Eingange seiner Verfassung der Schutz des Rechtes und die Pflege der Wohlfahrt des deutschen Volkes zur Aufgabe gestellt sind.

So erging es auch dem Gedanken an die Schaffung eines einheitlichen Civilgesetzbuches für ganz Deutschland.

Im Jahre 1814, als die Erregung über die heldenmüthige Erhebung des deutschen Volkes in ihm noch nachzitterte, als an den eben zusammentretenden Wiener Kongreß sich die weitgehendsten Hoffnungen

---

[2]) Zachariä a. a. O. § 11.
[3]) Zachariä a. a. O. § 13.
[4]) Zachariä a. a. O.

auf eine politische Wiedergeburt Deutschlands knüpften, da war es ein deutscher Rechtslehrer, Thibaut, welcher das kühne Wort aussprach:

> „Ich bin der Meinung, daß unser bürgerliches Recht .... einer gänzlichen schnellen Umänderung bedarf, und daß die Deutschen nicht anders in ihren bürgerlichen Verhältnissen glücklich werden können, als wenn alle deutschen Regierungen mit vereinten Kräften die Abfassung eines, der Willkür der einzelnen Regierungen entzogenen, für ganz Deutschland erlassenen Gesetzbuches zu bewirken suchen."[1]

Damit beginnt die Entstehungsgeschichte des gegenwärtig vorliegenden Entwurfes. Nicht mehr handelt es sich, wie bei dem Preußischen Landrechte und bei dem Oesterreichischen allgemeinen Gesetzbuche um ein gesetzgeberisches Vorgehen, welches bestimmt war, gerade im Gegensatze zum Zustande des gemeinen deutschen Rechtes für einen engeren Kreis etwas Neues und Besseres an dessen Stelle zu setzen, also die Gemeinsamkeit zu durchbrechen, oder gar, wie bei der Einführung des Code civil in deutschen Reichsgebieten, darum, die politische Zugehörigkeit derselben zu dem Staate des fremden Eroberers noch fester zu knüpfen. Vielmehr war hier das volksthümliche Element, der Gedanke der nothwendigen Rechtseinheit für Deutschland, im Gegensatze zur bloßen Rechtsverbesserung, zum klaren Ausdrucke gebracht.

Es ist bekannt, daß Thibaut damals in Savigny einen entschiedenen Gegner fand, welcher Nothwendigkeit wie Möglichkeit der Schaffung eines einheitlichen Gesetzbuches leugnete[2]) und alles Heil, alle Gemeinsamkeit der Rechtsentwickelung von der Rechtswissenschaft erwartete.

Viel ist seit jenen Tagen über die Frage geredet und geschrieben worden.[3]) Eine kritische Sichtung der zahlreichen Schriften würde vielleicht nicht ohne literargeschichtliches Interesse sein. Allein der Wunsch und Gedanke eines einheitlichen Civilgesetzbuches ist seiner praktischen Verwirklichung durch jene Erörterungen kaum näher gerückt worden. Zudem sind die juristischen Gründe und Gegengründe in

---

1) Thibaut, über die Nothwendigkeit eines allgemeinen bürgerlichen Rechtes für Deutschland, in „Civilistischen Abhandlungen" S. 404 ff. (1814).

2) Savigny, vom Beruf unserer Zeit für Gesetzgebung und Rechtswissenschaft. 1. Aufl. 1814, 3. Aufl. 1840.

3) Eine Zusammenstellung und Besprechung der literarischen Aeußerungen, welche durch Thibaut in Savignys Schriften zunächst erzeugt wurden, giebt Savigny, Zeitschr. f. geschichtl. Rechtswissenschaft Bd. (1816) S. 1—52; auch abgedruckt Beruf ꝛc. 3. Aufl. S. 163—191.

dem Thibaut-Savignyschen Streite so vollständig zur Erörterung gelangt, daß es genügt, sich auf eine Darstellung dieses Streites zu beschränken.

Thibaut schilderte in lebhaften Farben die Mängel des bestehenden Rechtszustandes, welche er vor allen Dingen in der Unvereinbarkeit deutscher Rechtsanschauungen mit römischen Rechtssätzen fand;[4]) er wies hin auf die Unsicherheit in der Textüberlieferung der römischen Rechtsquellen,[5]) auf die Ertödtung des wahren juristischen Sinnes durch die Masse des historisch Gegebenen und Positiven.[6]) Die Vortheile eines gemeinsamen bürgerlichen Gesetzbuches erblickte er — und das ist karakteristisch für die Verschiedenheit der damaligen und der heutigen Auffassungen von der Bedeutung gesetzgeberischer Aufgaben — zunächst in dem „unendlichen Gewinn für die wahre, höhere Bildung der Diener des Rechtes, der Lehrer und Lernenden", welcher vor allem aus der Einfachheit und Uebersichtlichkeit eines solchen Gesetzbuches entspringe,[7]) sowie in dem „unermeßlichen Gewinn" für den akademischen Unterricht, welcher dann das praktisch geltende Recht zu lehren im Stande sei. Erst nach eingehender Darlegung dieser Rückwirkung der Kodifikation auf den Rechtsunterricht[8]) folgt als ein weiterer Gesichtspunkt, aus welchem der Vortheil eines neuen, „einfachen" Gesetzbuches gepriesen wird, das „Glück der Bürger".[9]) Durch ein solches Gesetzbuch werde der leidige Streit über die örtliche Anwendbarkeit der Gesetze beseitigt. Die Einzelstaaten seien zu eigener Gesetzgebung unfähig.[10]) Die Begriffe über Gesetzgebung seien bei vielen deutschen Staatsbeamten im höchsten Grade schief und despotisch geworden; und dieses Uebel werde eher zu- als abnehmen, wenn den Partikulargesetzgebungen das bürgerliche Recht überlassen bleibe. Aus dem Zusammenwirken geübter Rechtskenner aus allen deutschen Reichsländern sei dagegen etwas Gutes zu erwarten.[11])

---

4) S. a. a. O. S. 418—420.

5) S. a. a. O. S. 421.

6) S. a. a. O. S. 423.

7) S. a. a. O. S. 425.

8) S. a. a. O. S. 427—434.

9) S. a. a. O. S. 434 ff.

10) S. a. a. O. S. 436 f.: „Kein deutsches Justizministerium wird, wenn es mit bescheidener Wahrhaftigkeit reden will, behaupten mögen, daß ihm die Fähigkeit beiwohne, auch nur eine einzige der vielen Hauptlehren des bezüglichen Rechtes so untadelhaft zu bearbeiten, daß das Werk kühn, nicht etwa den Advokaten und Richtern dieses Landes, sondern öffentlich den besseren deutschen Rechtsgelehrten zur Prüfung vorgelegt werden dürfte."

11) S. a. a. O. S. 440 f.

Wie unsicher sich selbst Thibaut, in seiner warmen Begeisterung für die große Idee, hinsichtlich der Möglichkeit ihrer Verwirklichung oder doch ihres Bestandes fühlte, und wie unermeßlich der Abstand unserer Tage von jener Zeit ist, beweisen am besten folgende Sätze:

> „Uebrigens bedarf es kaum einer Erinnerung, daß ein solches Gesetzbuch, wie es durch gemeinsames Wirken entstand, auch nur durch eben ein solches nachher erforderlichen Falls gebessert werden darf. Denn ohne dies würde natürlich die beabsichtigte Einheit nur kurze Zeit bestehen, und der böse Wille würde sich überall durch schnelles Niederreißen zu rächen suchen. Die Sache müßte also wie ein Völkervertrag unter feierlicher Garantie der auswärtigen großen alliirten Mächte behandelt werden."[12])

Ein deutsches Civilgesetzbuch nur unter Garantie Rußlands und Englands möglich — dieser Gedanke beweist am besten, wie mächtig die Gegnerschaft war, deren Widerstand Thibaut fürchtete. Mit der Widerlegung der zu erwartenden Einwendungen beschäftigt sich der letzte Theil seiner Abhandlung. Er theilt dieselben in heimliche (Lähmung der Macht der Landesherren, Neuerungsfurcht, Furcht vor Revolutionen)[13]) und öffentliche; dahin werden alle die Bedenken aus der Verschiedenheit der örtlichen Verhältnisse innerhalb Deutschlands gerechnet; allein die Vortheile der Einheit wiegen diese Bedenken auf, abgesehen davon, daß die Rechtsverschiedenheiten vielfach nur Folge unkluger Abgeschiedenheit und unüberlegter „Willkür" seien.[14]) Einem ferneren, aus der „Heiligkeit des Herkömmlichen" abzuleitenden Einwande begegnet Thibaut damit, daß „jene Unwandelbarkeit, jene segenvolle Stimmung des Volkes zur Ehrfurcht gegen das Alterthum" erst durch ein allgemeines Gesetzbuch erreicht werden könne. Auch solle man bei dem Verehren des Herkömmlichen nicht zu viel thun; auf „Gewohnheitssünder", denen das herkömmliche Schlechte gar zu lieb und bequem geworden, sei nicht Rücksicht zu nehmen.[15]) Wenn Thibaut endlich dem Einwande der

---

[12]) S. a. a. O. S. 443.

[13]) S. a. a. O. S. 445.

[14]) S. a. a. O. S. 454 f.

[15]) S. a. a. O. S. 456 ff. Noch heute verdienen folgende Worte Beherzigung: „Die wuchernden Ortsgebräuche und Gewohnheiten sind nur zu oft bloße Rechtsfaulheit, wobei es eines leisen Anstoßes bedarf, damit der Schritt zu einem anderen Ziele gelenkt werde, und wobei der bessernde Gesetzgeber auf eben den Dank rechnen kann, der dem Wundarzt zu Theil wird, wenn er den Furchtsamen nach langem Sträuben durch einen leichten Schnitt von fressenden Qualen befreite" (S. 458).

Langwierigkeit und Kostspieligkeit des Unternehmens die Replik entgegensetzt, es lasse sich darauf rechnen, daß die Vollendung des Werkes „in zwei, drei, vier Jahren" geschehen könne, da in dem Preußischen und Oesterreichischen Gesetzbuch, dem französischen Code und den bayerischen Arbeiten (s. unten § 12) so höchst lehrreiche Arbeiten vorlägen, daß Vieles schon jetzt als abgethan angesehen werden könne,[16]) — dann vermögen wir darin heute allerdings nur einen Optimismus zu erkennen, welchen die Geschichte Lügen gestraft hat. Dagegen ist in richtigem Vorausblick die Warnung geschrieben:

> „Am wenigsten lasse man sich aber dadurch irre machen, daß die gänzliche Umänderung unseres bürgerlichen Rechtes unter den eigentlich gelehrten Rechtskennern vielleicht die mehrsten Widersacher findet; das wird stets so bleiben und jetzt ist es gar nicht anders zu erwarten."[17])

Und fast wie eine sichere Erwartung dessen, was Savigny demnächst geltend machte, klingt es, wenn Thibaut mit der Mahnung schließt, nicht darum, weil wir vielleicht künftig für die Abfassung eines neuen Gesetzbuches noch fähiger werden könnten, als wir jetzt sind, das Werk zu verschieben.[18])

Dem Patrioten und Politiker trat der Jurist entgegen. So hoch an Geist, an Eleganz und juristischer Schärfe Savignys Gegenschrift über Thibaut steht, so weit bleibt sie hinter ihm an Wärme des Nationalgefühles, an Verständniß für die praktische Bedeutung des Rechtes und für die Formen seiner Verkörperung zurück.

Savigny gründet seine Darlegungen auf eine Darlegung seiner bekannten Anschauungen von der Entstehung alles positiven Rechtes aus dem Gewohnheitsrechte.[19]) Aus dieser rein theoretisch entwickelten prinzipiellen Anschauung folgt dann von selbst die Aussichtslosigkeit der Bestrebungen, den Rechtsstoff zu kodifiziren.[20]) Die Geschichte des Römischen Rechtes muß zum Belege dienen.[21]) Eine Untersuchung des „bürgerlichen Rechtes in Deutschland"[22]) soll, immer auf Grund-

---

[16]) S. a. a. O. S. 460.

[17]) S. a. a. O. S. 463.

[18]) S. a. a. O. S. 465 f.

[19]) Beruf rc. (s. Anm. 2) 3. Aufl. S. 8—14.

[20]) S. a. a. O. S. 16—26.

[21]) S. a. a. O. S. 27—36.

[22]) S. a. a. O. S. 37—44.

lage jener prinzipiellen Anschauung, darthun, wie wenig die Klagen über den herrschenden Rechtszustand begründet seien. Die übermäßig lange Dauer der Prozesse liege in schlechten Gesetzen über das Verfahren. Die große Verschiedenheit der Landesrechte sei als kein Uebel zu betrachten.

> „Es scheint für diesen politischen Zweck" (die Belebung des Vaterlandsgefühles) „kein Zustand des bürgerlichen Rechtes günstiger, als der, welcher in Deutschland allgemein war: große Mannigfaltigkeit und Eigenthümlichkeit im Einzelnen, aber als Grundlage überall das gemeine Recht, welches alle deutschen Volksstämme stets an ihre unauflösliche Einheit erinnert."

Stehen die Gründe, aus welchen Savigny das Bedürfniß eines Gesetzbuches für Deutschland leugnet, mit unserer heutigen Anschauungsweise, dem stärker geweckten Volksbewußtsein, der Auffassung des Rechtes als eines Zweckbegriffes, in schroffem Gegensatze, so ist dagegen die berühmte Leugnung „unseres Berufes zur Gesetzgebung"[23]) von zwingender Beweiskraft. Savigny vermißt die Juristen, welche im Stande seien, den Stoff zu beherrschen und zur Darstellung zu bringen; dies folge daraus, daß es gänzlich an einem „Systeme des römisch-deutschen Rechtes" fehle, welches als Buch vortrefflich sei; die juristische Literatur sei hinter der allgemeinen Literatur weit zurückgeblieben. In zweiter Reihe aber mangele es an einer Sprache, in der ein Gesetzbuch geschrieben werden könne. Den Erfahrungsbeweis seiner Thesen führt Savigny durch eine eingehende Kritik des Code civil, des Preußischen Landrechtes und des Oesterreichischen allgemeinen Gesetzbuches.[24]) Die praktischen Konsequenzen Savignys ergeben sich hieraus von selbst: in Ländern, die noch keine Gesetzbücher haben, sollen höchstens zur Entscheidung in Kontroversen und zur Verzeichnung alter Gewohnheiten Gesetze erlassen

---

[23]) S. a. a. O. S. 45. — „Unsere Zeit" im Sinne Savignys war der Anfang des laufenden Jahrhunderts; man sollte endlich aufhören, von Savignys Sätzen auch auf gesetzgeberischen Arbeiten der Gegenwart kritiklose Anwendung zu machen.

[24]) S. a. a. O. S. 54 ff. Das Urtheil über den Code civil (S. 55—81) ist ungemein abfällig; Savigny hat es, auch bei späterer Milderung seiner Ansicht über die französische Jurisprudenz, aufrecht erhalten (Beruf rc. 3. Aufl. S. V. ff.). Sehr wohlwollende Würdigung findet dagegen das Preußische Landrecht (S. 81—95); bei Erörterung des Oesterreichischen Gesetzbuches (S. 95—108) werden vielfach dessen Mängel den Vorzügen des Preußischen Landrechtes gegenüber gestellt.

werden; im übrigen soll die im Wege der historischen Methode entwickelte Rechtswissenschaft Gemeingut aller Juristen und dadurch der Juristenstand wiederum „ein Subjekt für lebendiges Gewohnheitsrecht, also für wahren Fortschritt“ werden.[25] Die Gesetzbücher sollen dort, wo sie bestehen, nicht abgeschafft werden — mit Ausnahme des Code civil, welcher als eine überstandene politische Krankheit betrachtet werden müsse. Die Uebel, welche bei unrichtiger Behandlung der Gesetzbücher eintreten, sollen gleichfalls durch die Anwendung historischen Rechtsstudiums auch auf sie vermieden werden.[26] „Das Gemeinsame“ liege dann für alle deutschen Länder in der Identität des rechtswissenschaftlichen Studiums, dessen Methode auch auf das Studium der Landesrechte anzuwenden sei. Die Universitäten seien daher das einigende Band des Deutschen Rechtes.[27]

„Thibauts Vorschlag“ wird endlich in praktischer Hinsicht besprochen: die Annahme einer kurzen Zeit für die Herstellung, die vorgeschlagene kollegialische Berathung, die geforderte Popularität werden als unmöglich bezeichnet.[28]

Im Schlusse[29] rühmt Savigny als das rechte Mittel zur Beseitigung der Mängel des herrschenden Zustandes „eine organisch fortschreitende Rechtswissenschaft, die der ganzen Nation gemein sein kann.“

In den vorstehend skizzirten beiden Abhandlungen liegt, wie erwähnt (S. 11), die theoretische Seite des Kampfes um ein deutsches Civilgesetzbuch beschlossen; selbst in den Reden, welche im Reichstage bezüglich der Ausdehnung der Reichskompetenz auf das gesammte bürgerliche Recht gehalten wurden (vgl. §§ 15, 16), wurden andere juristische Gründe für und wider nicht laut. Darum war auch ein näheres Eingehen auf jene Schriften hier am Platze.

Blicken wir, bereichert um eine 65jährige Erfahrung, auf den Streit zurück, so müssen wir beiden großen Gegnern theils Recht, theils Unrecht geben.

Thibaut traf das Richtige in der Betonung der nationalen und der praktischen Nothwendigkeit eines einheitlichen Civilgesetzbuches; bis in die neueste Zeit haben die Freunde des Werkes sich seiner Gründe

[25] S. a. a. O. S. 111—134.
[26] S. a. a. O. S. 135—150.
[27] S. a. a. O. S. 151—154.
[28] S. a. a. O. S. 155—160.
[29] S. 161 f.

bedient. Er irrte in der Ausführbarkeit des Werkes in einer Zeit, welche weder politisch noch juristisch dazu reif war.

Savigny hatte Recht in dem Leugnen des Berufes seiner Zeit zur Gesetzgebung. Er irrte in dem Vertrauen auf die einigende Macht der durch die historische Methode neugeschaffenen Rechtswissenschaft;[30] er verkannte die politische Bedeutung der Rechtseinheit und die praktischen Vortheile derselben für das Rechtsleben.

Beiden gemeinsam ist die einseitige Rücksichtnahme auf den Einfluß, welchen eine Kodifikation auf die Rechtswissenschaft und deren Studium äußern werde. Die Wissenschaft besteht um des Rechtes willen, dieses um des Volkes, nicht um der Wissenschaft willen.

III.

Der Plan eines Allgemeinen bürgerlichen Gesetzbuches für Deutschland und der Juristenstand.

§ 6.

Seitdem der deutsche Juristenstand in dem 1860 gegründeten Juristentage ein Organ besaß, wurde auch dieses den wachsenden, auf eine deutsche Rechtsgemeinsamkeit gerichteten Bestrebungen dienstbar.

Es gehört geradezu zu den Zwecken des Juristentages:

> „auf den Gebieten des Privatrechtes, des Prozesses und des Strafrechtes den Forderungen nach einheitlicher Entwickelung immer größere Anerkennung zu verschaffen, die Hindernisse, welche dieser Entwickelung entgegenstehen, zu beseitigen und sich über Vorschläge zu verständigen, welche geeignet sind, die Rechtseinheit zu fördern."[1]

Gleich auf dem ersten Deutschen Juristentage, welcher im Jahre 1860 in Berlin stattfand, hatte Professor Dr. Unger aus Wien den Antrag gestellt:[2]

der Juristentag wolle:

1. aussprechen: es sei dringend wünschenswerth, daß im Anschluß an das Deutsche Wechsel- und Handelsrecht und zur Anbahnung eines gemeinsamen Deutschen Civilgesetz-

---

[30] Vgl. unten § 13 S. 30.

[1] § 1 des Statuts des Deutschen Juristentages.

[2] Verh. d. I. Deutschen Juristentages S. 128.

buches sofort die Abfassung eines Allgemeinen deutschen Gesetzes über **Obligationenrecht** unternommen werde;

2. die ständige Deputation beauftragen, die deshalb erforderlichen Schritte bei den deutschen Regierungen zu thun.

Der Antrag wurde in der ersten Abtheilung berathen und durch von Wächter, unter Zustimmung des Antragstellers, dahin erweitert:

> man möge aussprechen, daß, da die Abfassung eines gemeinsamen Gesetzbuches höchst wünschenswerth, ja ein dringendes Bedürfniß sei, die Umstände zur Zeit aber die Ausführung dieses Unternehmens nicht gestatten, mindestens eine gemeinsame Gesetzgebung über das Obligationenrecht herbeizuführen sei;

und demnächst im Plenum angenommen.[3])

Nachdem inzwischen die Einleitungen zur Ausarbeitung einer gemeinsamen deutschen Civilprozeßordnung und eines gemeinsamen deutschen Obligationenrechtes von Bundes wegen — freilich nur unter Betheiligung eines Theiles der Bundesstaaten — in Angriff genommen worden war (§ 10), faßte der zweite, 1861 in Dresden abgehaltene Juristentag auf Bluntschlis Antrag den Beschluß:

Der Deutsche Juristentag erklärt auf Beschluß seiner Deputation folgendes:

a) Nachdem die Mehrzahl deutscher Regierungen sich bereitwillig erklärt hat,

> die Begründung einer gemeinsamen deutschen Civilprozeßordnung und den Erlaß eines gemeinsamen Gesetzes über das deutsche Obligationenrecht einzuleiten,

spricht der Deutsche Juristentag seine Ueberzeugung aus, daß die erfolgreiche Förderung dieses Zweckes des allgemeinen Dankes des Vaterlandes sicher ist.

b) Wenn über die Form der Einleitung zu diesem Werke zur Zeit noch eine Meinungsverschiedenheit unter den deutschen Regierungen besteht, indem von der einen Seite auf die Vermittelung des Bundestages Werth gelegt, von der anderen Seite[4]) aber die freie und unvermittelte Ver-

---

[3]) S. a. a. O. S. 225—230. Die Diskussion im Plenum bezog sich ausschließlich auf die Frage, ob in dem Beschlusse ein Ersuchen an die Regierungen zur Ausführung aufzunehmen sei, was verneint wurde.

[4]) Namentlich von Preußen; s. § 10. S. 23.

einbarung der Regierungen vorgezogen wird, so erachtet der Deutsche Juristentag diese Meinungsverschiedenheit in keiner Weise für so erheblich, daß dadurch das Zustandekommen des Werkes selbst gefährdet oder auch nur verzögert werden könnte. Vielmehr drückt er den lebhaften Wunsch aus, daß durch allseitiges Entgegenkommen diese Frage zur baldigen Lösung gebracht werde.

c) Zu diesem Wunsche hält sich der Juristentag um so mehr für berechtigt, als es sich zur Zeit nur erst um Vorarbeiten für jenes Werk handelt und der Deutsche Juristentag der Ueberzeugung ist, daß zum endlichen Zustandekommen einer gemeinsamen Gesetzgebung auf dem Gebiete des Prozeß- und Obligationenrechtes die Einleitung zu einer gemeinsamen, von den Regierungen und den Kammern der einzelnen Staaten anerkannten, wenn auch lediglich zu diesem nationalen Werke festgesetzten Einrichtung nothwendig ist.

Die Diskussion[5]) hatte hauptsächlich den Punkt c) zum Gegenstande. Man wollte eine Mitwirkung der Volksvertretungen bei der Aufstellung der Entwürfe, um die Einzellandtage nicht daher in die Lage zu versetzen, zu einem von Bundes wegen vorgelegten Entwurfe nur „ja" oder „nein" sagen zu können. Wie diese Einwirkung zu gestalten sei, darüber, als über eine politische Frage, wollte man sich der Aeußerung enthalten. Der Grundgedanke des Antrages war richtig: bei einem so tief einschneidenden Gesetze, wie einem Civilgesetzbuche, konnte man der Mitwirkung einer Volksvertretung nicht entbehren. Der durch den geschichtlichen Verlauf klar erwiesene Irrthum lag eben darin, daß man ohne gemeinsames deutsches Parlament eine solche Mitwirkung für erreichbar hielt.

---

[5]) Verhandl. des zweiten Deutschen Juristentages Bd. 2 S. 100—133. — Ueber die Verfolgung eines ähnlichen Gedankens im Schoße des Bundestages selbst und über Preußens Protest hiegegen vgl. Verhandl. des dritten Deutschen Juristentages Bd. 2 S. 67 f.

IV.

Die Kodifikationsarbeiten auf dem Gebiete des bürgerlichen Rechtes in Deutschland während der Zeit von 1814 bis 1866.

1. Der Deutsche Bund.

§ 7.

Die Deutsche Bundesakte wie die Wiener Schlußakte hatten auf Thibauts Anregung keine Rücksicht genommen. Die staatsrechtliche Form, zu welcher durch jene Grundlagen des Deutschen Bundesrechtes die deutschen Staaten zusammengefaßt wurden, war der Schaffung einheitlicher Gesetzbücher so ungünstig als möglich. Es fehlte dem Bunde die Gesetzgebungsgewalt; das Aeußerste, was er thun konnte, war, auf Annahme einheitlicher Gesetzgebungswerke seitens seiner Glieder hinzuwirken. Für die Einzelstaaten aber erwuchs hieraus die schwere Wahl unveränderter Annahme oder völliger Ablehnung eines solchen Werkes.

Wie schwer diese staatsrechtliche Unmöglichkeit, zu einem gemeinen Rechte zu gelangen, jene Schwierigkeit, auch nur ein übereinstimmendes Recht zu erreichen, empfunden wurde, beweist die Thatsache, daß man in den unreifen Träumen von der Wiedererstehung des Deutschen Reiches in den Jahren 1848/49 sogleich an einheitliche Kodifikation dachte. Der Entwurf der Reichsverfassung von 1849 schrieb in Art. XIII § 59 (nach der Fassung erster Lesung § 64) vor:

> „Der Reichsgewalt liegt es ob, durch die Erlassung allgemeiner Gesetzbücher über bürgerliches Recht, Handels- und Wechselrecht, Strafrecht und gerichtliches Verfahren die Rechtseinheit im deutschen Volke zu begründen.“[1])

Noch schärfer aber tritt die innere Nothwendigkeit der gesammten auf einheitliche Kodifikation gerichteten Entwickelung dadurch hervor, daß wiederholte Versuche gemacht wurden, mit dem unvollkommenen Staatsapparate gleichwohl gemeinsame Gesetzbücher zu Wege zu bringen. Zwei dieser Versuche — die Ausarbeitung der Wechselordnung und

---

[1]) Roth u. Merck, Quellensammlung zum deutschen öffentlichen Recht, Bd. 2 S. 222.

die des Handelsgesetzbuches — gelangen; der dritte, die Ausarbeitung eines Gesetzes über Schuldverhältnisse, würde allem Anscheine nach auch dann nicht zum Ziele geführt haben, wenn ihm nicht durch die Auflösung des Deutschen Bundes ein jähes Ende bereitet worden wäre.

a) Die Allgemeine deutsche Wechselordnung.

§ 8.

Die Entstehungsgeschichte der Allgemeinen deutschen Wechselordnung[1]) ist einerseits so bekannt, andererseits mit den auf ein Civilgesetzbuch gerichteten Arbeiten nur so lose zusammenhängend, daß eine kurze Erinnerung an ihre wesentlichsten Momente genügen dürfte.

Auf Einladung der preußischen Regierung, welche mittels Denkschrift vom 31. August 1847 erfolgte, versammelten sich am 20. Oktober 1847 zu Leipzig Abgeordnete von 19 Bundesstaaten.[2]) Die Zahl der Abgeordneten schwankte in den einzelnen Sitzungen zwischen 25 und 30.[3]) Es wurden, und zwar in der Zeit vom 20. Oktober bis 9. Dezember 1847, 35 Sitzungen gehalten, in denen der sächsische Staatsminister von Könneritz den Vorsitz führte. Referent war der preußische Geheime Justizrath Bischoff. Die Berathungen erfolgten auf Grundlage eines preußischen Entwurfes. Protokollführer war der Stadtgerichtsrath Dr. Haensel. Die Revision und Feststellung der Protokolle geschah in ungemein sorgfältiger Weise. Nach jeder Sitzung wurden die Beschlüsse redigirt, von der 9. Sitzung an durch eine Redaktions-Kommission. Am 7. Dezember wurde der „Entwurf der Fassungs-Kommission" dem Plenum vorgelegt und in 3 Sitzungen zu dem „definitiven Entwurfe" umgestaltet, welcher in der 35. Sitzung am 9. Dezember 1847 mit noch einigen Aenderungen angenommen wurde. Wie der Entwurf demnächst zuerst als „Reichsgesetz" vom 26. November 1848, dann in den einzelnen Bundesstaaten als Landesgesetz verkündet wurde und schließlich durch das Bundesgesetz vom 5. Juni 1869, bezw. durch dessen Ausdehnung auf die süddeutschen Staaten als Deutsches Reichsgesetz verkündet worden ist, interessirt hier nicht.

---

[1]) Vgl. von den vielen einschlägigen Darstellungen: Thöl, Wechselrecht §§ 148, 152 (2. Aufl. S. 29, 47); Stobbe, Geschichte der deutschen Rechtsquellen § 95 Bd. 2 S. 490.

[2]) Oesterreich, Preußen, Bayern, Sachsen, Hannover, Württemberg, Baden, beide Hessen, Dänemark, Thüringen, Braunschweig, Nassau, Mecklenburg, Oldenburg, die vier freien Städte.

[3]) S. die Namen bei Thöl a. a O. § 148 A. 7 S. 31.

Ebenso bedarf es hinsichtlich der sogen. Nürnberger Novellen nur eines Hinweises auf deren bekannte Entstehung;[4]) sie bilden in der Geschichte der deutschen Privatrechtskodifikation nur ein nebensächliches Ereigniß.

b) Das Allgemeine deutsche Handelsgesetzbuch.

§ 9.

Auch hinsichtlich der Entstehung[1]) dieses Gesetzbuches gilt das im Eingange des vorigen § 8 Bemerkte.

Nachdem in Folge einer bei den Leipziger Konferenzen (§ 8) in der Sitzung vom 8. Dezember 1847 gegebenen Anregung[2]) im November 1848 von dem damaligen Reichsministerium der Justiz eine Kommission zur Ausarbeitung eines Entwurfes eines Allgemeinen Handelsgesetzbuches für Deutschland berufen, von dieser aber nur ein Theil des Werkes vollendet war, beschloß auf Antrag Preußens vom 21. Februar 1856 der Bundestag am 18. Dezember desselben Jahres die Einberufung einer neuen Kommission „zur Ausarbeitung des Entwurfes eines Allgemeinen Handelsgesetzbuches für die deutschen Bundesstaaten", welche am 15. Januar 1857 zu Nürnberg zusammentrat. In ihr waren 21 Bundesstaaten[3]) mit 11 Stimmen durch 34 Abgeordnete[4]) vertreten. Den Berathungen wurde ein preußischer Entwurf, unter Rücksichtnahme auf einen österreichischen Entwurf, zu Grunde gelegt. Den Vorsitz führte der bayerische Staatsminister von Ringelmann; zweiter Vorsitzender war der österreichische Handelsgerichts-Präsident Dr. von Raule. Referent war der preußische Geheime Oberjustizrath Bischoff, nach dessen Tode der preußische Geheime Oberjustizrath Heimsoeth. Die erste Lesung der vier ersten Bücher dauerte vom 15. Januar bis 30. Juni 1857, die zweite vom 15. September 1857 bis 3. März 1858. Ueber den Entwurf zweiter Lesung haben verschiedene Handelsrechtslehrer bedeutende Kritiken veröffentlicht. Auf die zweite Lesung folgte zunächst die Berathung des Seerechtes, welche,

---

[4]) Vgl. Thöl, Wechselrecht § 153 (2. Aufl. S. 56 ff.

[1]) Vgl. von den vielen einschlägigen Darstellungeu Thöl, Handelsrecht Bd. 1 § 18 (5. Aufl. S. 56 ff.); Stobbe, Geschichte der deutschen Rechtsquellen § 96 (Bd. 2 S. 492).

[2]) Thöl, Wechselrecht § 148 Nr. VI. (2. Aufl. S. 36).

[3]) Oesterreich, Preußen, Bayern, Sachsen, Hannover, Württemberg, Baden, beide Hessen, die Sächsischen Herzogthümer, Braunschweig, Mecklenburg-Schwerin, Nassau, die vier freien Städte.

[4]) S. die Namen bei Thöl, Handelsrecht I. § 18 A. 6 (5. Aufl. S. 58).

unter Betheiligung von nur 11 Staaten[5]) und zum Theil anderer Abgeordneten[6]), in Hamburg stattfand. Sie erfolgte in zwei Lesungen vom 26. April 1858 bis 25. Oktober 1859 und vom 9. Januar bis 22. August 1860. Hieran schloß sich noch eine dritte Lesung der vier ersten Bücher, jedoch nur in beschränktem Umfange, nachdem die Regierungen von Oesterreich, Preußen und Bayern eine solche Beschränkung mit der Erklärung verlangt hatten, daß sie, wenn einzelne bestimmte Sätze des Entwurfes eine Abänderung erleiden würden, den Entwurf nicht zum Gesetzbuch erheben könnten.

Protokollführer der Konferenzen war der bayerische Assessor Lutz; die Protokolle unterlagen auch hier sorgfältiger Revision und schließlicher Feststellung durch die Konferenz. Eine engere Redaktionskommission hat den Entwurf erster Lesung auf Grund der Kommissionsbeschlüsse zusammengestellt.

Die Einführung des Handelsgesetzbuches durch einzelne Landesgesetzgebungen und seine schließliche Umwandlung in ein Reichsgesetz sind für die Zwecke dieser Darstellung ohne Bedeutung.

c) Der sog. Dresdener Entwurf.[1])

§ 10.

Am 17. Dezember 1859 wurde von zehn deutschen Bundesregierungen ein die Herbeiführung einer gemeinschaftlichen Civil- und Kriminalgesetzgebung für die deutschen Bundesstaaten bezweckender Antrag beim Bundestage gestellt und hierüber am 12. August 1861 Vortrag in der Bundesversammlung erstattet.

In diesem Vortrage wurde der universelle Karakter des täglichen gemeinen Verkehres, auch außerhalb des Handelsverkehres, betont und

---

5) Sachsen, Württemberg, Baden, beide Hessen, Nassau und Frankfurt betheiligten sich nicht, Oldenburg trat zu.

6) S. die Namen bei Thöl, Handelsrecht Bd. 1 § 18 Anm. 13 (5. Aufl. S. 61).

1) Entwurf eines Allgemeinen deutschen Gesetzes über Schuldverhältnisse, bearbeitet von den durch die Regierungen von Oesterreich, Bayern, Sachsen, Hannover, Württemberg, Hessen-Darmstadt, Mecklenburg-Schwerin, Nassau, Meiningen und Frankfurt hierzu abgeordneten Kommissaren und im Auftrage der Kommission herausgegeben von Dr. L. Francke, Königl. sächs. Bezirksgerichtsrath, erstem Sekretär der Kommission. Dresden 1866. Das Vorwort S. III bis VII giebt einen kurzen Abriß der Entstehungsgeschichte. — Vgl. auch den Bericht Volkmars in den Verh. des dritten Deutschen Juristentages (1862) Bd. 2 S. 64 ff.

hieraus die Leichtigkeit der Herstellung einer formellen Einheit in dieser Hinsicht abgeleitet. Die Einführung eines gemeinschaftlichen Gesetzbuches über das Obligationenrecht sei Wohlthat und Bedürfniß, sowohl an sich als zur Ergänzung und Befestigung des gemeinschaftlichen Handels- und Wechselrechtes. In Bezug auf die übrigen Theile des Privatrechtes wurde eine gemeinschaftliche Gesetzgebung, wenigstens zur Zeit, theils nicht als Bedürfniß, theils geradezu als unmöglich erachtet.

Am 6. Februar 1862 beschloß die Bundesversammlung:

1. die Ausarbeitung von Entwürfen einer allgemeinen Civilprozeßordnung für die deutschen Bundesstaaten und eines allgemeinen Gesetzes über Rechtsgeschäfte und Schuldverhältnisse (Obligationenrecht) einzuleiten ...
2. .... [2])
3. die Niedersetzung einer Kommission für die Bearbeitung des Obligationenrechtes mit dem Sitze in Dresden in Aussicht zu nehmen;
4. die Regierungen, welche zur Beschickung dieser Kommissionen geneigt wären, zur Erklärung hierüber einzuladen.

Preußen, welches zur Wechselordnung und zum Handelsgesetzbuche gerade seinerseits die Anregung gegeben hatte, legte gegen diesen Beschluß wegen Inkompetenz des Bundes und wegen Gefährdung der Rechte der Kammern Verwahrung ein. Es ist nicht zu vergessen, daß inzwischen die Leitung der preußischen Staatsgeschäfte in die Hände des Mannes übergegangen war, welcher auf anderen Wegen, als denen des Bundestages, die deutsche Einheit auch auf dem Rechtsgebiete erstrebte und erreichte.

Durch Bundesbeschluß vom 13. November 1862 wurde der Zusammentritt der Kommission, als deren Sitz Dresden gewählt ward, auf den 5. Januar 1863 bestimmt. In der Kommission waren 10 Staaten [3]) durch 8 Mitglieder [4]) vertreten, — also eine weit geringere Theilnahme als bei der Wechselordnung und bei dem Handelsgesetzbuche. Das Präsidium führte der Handelsgerichts-Präsident Freiherr von Raule aus Wien. Die Kommission, deren Sitzungen am

---

[2]) Bezieht sich auf die Civilprozeßordnung.

[3]) Oesterreich, Bayern, Sachsen, Hannover, Württemberg, Hessen-Darmstadt, Frankfurt, Mecklenburg-Schwerin, Nassau, Sachsen-Meiningen — Kurfürstenthum Hessen und Schwarzburg-Rudolstadt nahmen von dem Gange der Berathungen durch Entnahme der Konferenz-Protokolle Kenntniß.

[4]) S. die Namen bei Francke S. IV, V. Zwei Mitglieder schieden während der Berathung aus.

7. Januar 1863 eröffnet wurden, nahm in 324 Sitzungen zwei Lesungen vor.[5]) Neben dem Plenum bestanden drei Ausschüsse: zur Ausarbeitung der Vorlage, zur Redaktion der Beschlüsse, zur Prüfung der Protokolle. Referent war der Geheime Justizrath Siebenhaar aus Dresden; Protokollführer außer Francke (s. Anm. 1) noch der Aktuar Just vom Bezirksgericht in Dresden. Für die dem vorbereitenden Ausschusse obliegende Ausarbeitung der Vorlage diente der bayerische Entwurf (s. § 12), unter steter Mitberücksichtigung des hessischen Entwurfes (s. § 14) und des Sächsischen bürgerlichen Gesetzbuches (s. § 13), als Leitfaden.

Die Kommission ertheilte nach Beendigung der Arbeiten ihrem ersten Sekretär den Auftrag zur Veröffentlichung des Entwurfes und der Protokolle im Wege des Buchhandels. Die Vorrede zu dem Abdrucke des Entwurfes datirt vom 13. Juni 1866. Am folgenden Tage brach der Deutsche Bund zusammen; zu der beabsichtigten gleichen Veröffentlichung der (allerdings für den internen Gebrauch der Kommission gedruckten) Protokolle ist es nie gekommen.

Der Entwurf enthält 1045 Artikel, welche, mit Ausnahme einer einzelnen Bestimmung (Derogirung des gemeinen Rechts — Art. 1) in zwei Theile geordnet sind. Der erste Theil trägt die Ueberschrift „Von den Schuldverhältnissen im Allgemeinen" und zerfällt in fünf Abtheilungen: Wesen und Arten der Schuldverhältnisse (Art. 2—22); Entstehung der Schuldverhältnisse durch Verträge und unerlaubte Handlungen (Art. 23—226); Wirkungen der Schuldverhältnisse (Art. 227 bis 340); Erlöschung der Schuldverhältnisse (Art. 341—421). In diesem ersten Theile sind vielfach Vorschriften enthalten, welche über das Obligationenrecht weit hinausgehen, wie Art. 23—26 über Geschäftsfähigkeit; Art. 396, 397 über Wirkung freisprechender Erkenntnisse; Art. 398 ff. über Anspruchsverjährung u. s. w.

Der zweite Theil ist überschrieben „Von den Schuldverhältnissen im Besonderen" und trifft in 10 Abtheilungen Bestimmung über Schuldverhältnisse: 1) aus Verträgen, welche auf eine Veräußerung von Sachen und Rechten gerichtet sind (Art. 422—522); 2) aus Verträgen, welche auf eine Ueberlassung zum Verbrauche oder Gebrauche gerichtet sind (Art. 523—613); 3) aus Verträgen, welche auf eine Dienstleistung oder eine Werklieferung gerichtet sind (Art. 614 bis 686); 4) aus fremder Geschäftsführung (Art. 687—768); 5) aus einer Rechtsgemeinschaft (Art. 769—861); 6) aus gewagten Verträgen

[5]) Erste Lesung 259 Sitzungen vom 7. Januar 1863 bis 16. Januar 1865; zweite Lesung 65 Sitzungen vom 6. Oktober 1865 bis 28. Mai 1866.

(Art. 862—921); 7) aus Verträgen, welche auf Anerkennung, Sicherstellung oder Feststellung von Ansprüchen gerichtet sind (Art. 922 bis 975); 8) aus ungehöriger Bereicherung (Art. 976—1006); 9) aus unerlaubten oder diesen gleich zu erachtenden Handlungen (Art. 1007 bis 1040); 10) aus Zuständen (Art. 1041—1045).

2. Die deutschen Einzelstaaten.

a) Preußen.

§ 11.

Obwohl das Landrecht erst im Jahre 1794 in Kraft getreten war (§ 2 S. 5), so hatte doch die Stein-Hardenbergsche Gesetzgebung der Jahre 1807—1812 so tief eingreifende Veränderungen in einer Reihe der vom Landrecht normirten Materien gebracht, daß schon durch Kabinetsordre vom 3. November 1817 eine Revision des allgemeinen Landrechtes und der Gerichtsordnung angeordnet wurde, „um beide den Veränderungen anzupassen, die seit ihrer Publikation vorgefallen sind". Diese „Gesetzesrevision" dauerte 31 Jahre.[1]) Zuerst war sie dem Staatsminister von Beyme, seit 1825 dem Justizminister von Dankelmann übertragen. Die Aufgabe wurde durch eine fernere Kabinetsordre vom 24. Juli 1826 dahin bestimmt, daß nicht eine neue Gesetzgebung an die Stelle der gegenwärtigen treten solle; vielmehr sei es nur die Absicht,

> daß die jetzt bestehende Gesetzgebung zum Grunde gelegt und aufrecht erhalten werde, daß aber in das Landrecht und die Gerichtsordnung nicht bloß eingeschaltet werde, was seit ihrer Emanation neu hinzugekommen oder abgeändert ist, sondern daß dasjenige, was sich nach den von Gerichts- und Verwaltungsbehörden aus mehrjähriger Erfahrung geschöpften Bemerkungen in der Ausführung entweder an sich als unrichtig, mangelhaft, unbestimmt, oder als für das Bedürfniß der gegenwärtigen Verhältnisse unzureichend erwiesen hat, einer gründlichen Prüfung unterworfen und nach dem Resultate derselben berichtigt, ergänzt, erläutert und vervollkommnet werde.

---

[1]) Vgl. von Kamptz, aktenmäßige Darstellung der preußischen Gesetzesrevision, in dessen Jahrbüchern Bd. 60 S. 1—308. Dieselbe reicht indeß nur bis 1842. — S. auch Stobbe, Geschichte der deutschen Rechtsquellen § 91 Bd. 2 S. 474 f.; Stölzel, Brandenburg-Preußens Rechtsverwaltung 2c. Bd. 2 S. 447 bis 620 passim.

Im Jahre 1817—1819, dann wieder von 1832 ab wurde ein besonderes Ministerium für die Gesetzesrevision errichtet, dem die Minister von Beyme und von Kamptz, seit 1842 von Savigny vorstanden. Es war eine eigenthümliche Ironie der Geschichte, welche den Gegner jeder Kodifikation (s. § 5 S. 13 ff.) an die Spitze einer gerade mit dieser Arbeit betrauten höchsten Staatsbehörde stellte.[2]) Das Jahr 1848 machte dem Gesetzgebungsministerium und damit der ganzen Revisionsarbeit ein Ende. „Als einziges Ergebniß dieser langjährigen Anstrengungen sind ein 1839 und 1842 gedruckter Entwurf des Bürgerlichen Gesetzbuches für die preußischen Staaten und die als Manuskript gedruckten Pensa zu erwähnen, welchen man jetzt keinen andern Werth beilegen kann, als den einer mehr oder weniger gelungenen Kritik der privatrechtlichen Gesetzgebung."[3]) Mit Rücksicht auf diese praktische Unfruchtbarkeit der Revisionsarbeit und ihre Einflußlosigkeit auf die späteren Kodifikationsbestrebungen soll hier nicht näher auf dieselben eingegangen werden.

b) Bayern.

§ 12.

In Bayern ist die Mannigfaltigkeit der örtlichen Rechte von jeher besonders groß und daher der Uebelstand der Rechtsungleichheit besonders fühlbar gewesen.[1]) Demselben suchte bereits die bayerische Verfassungs-Urkunde vom 26. Mai 1818 durch die Vorschrift[2]) abzuhelfen:

> „Es soll für das ganze Königreich ein und dasselbe bürgerliche und Straf-Gesetzbuch bestehen."

Seit Beginn des Jahrhunderts ist daher dort an einer einheitlichen Civilrechts-Kodifikation gearbeitet worden,[3]) allein ohne Erfolg.

Im Jahre 1809 wurde Feuerbach mit der Ausarbeitung eines Entwurfes beauftragt, durch welchen die französische Civilgesetzgebung im Königreiche eingeführt werden sollte. Indessen wurde dieser Plan wieder verlassen und 1810 eine Kommission niedergesetzt, welche einen neuen Entwurf unter Zugrundelegung des bayerischen Landrechtes aus-

---

[2]) S. aber auch „Savignys Ministerprogramm" bei Stölzel a. a. O. Bd. 2 S. 736, 747 f.

[3]) Förster-Eccius, Theorie und Praxis des preuß. Privatr. 5. Aufl. § 3 (Bd. 1 S. 12 f.).

[1]) Vgl. v. Völderndorff, Civilgesetzstatistik des Königreichs Bayern, 2. Aufl. 1880. S. auch die Schilderung des Abg. Herz in der Reichstagssitzung vom 29. Mai 1872 (Stenogr. Ber. S. 601).

[2]) Tit. VIII. § 7.

[3]) Vgl. Roth, Bayer. Civilr. Bd. 1 (2. Aufl.) § 1 S. 1 ff.

arbeiten sollte; auch diese gelangte zu keinem Ergebnisse. Ein weiterer Entwurf, ausgearbeitet von dem Freiherrn von Aretin, war zur Publikation bereits vorbereitet und sollte am 1. Oktober 1818 in Kraft treten, wurde aber zurückgezogen. Auch einem weiteren — vierten — von Gönner ausgearbeiteten und einem — fünften — von dem Freiherrn von Leonrod auf Grund des Oesterreichischen Gesetzbuches aufgestellten, am 15. Oktober 1834 eingereichten Entwurfe wurde eine Folge nicht gegeben. Durch Verordnung vom 10. März 1844 wurde eine aus 5 Mitgliedern bestehende Gesetzgebungs-Kommission bestellt, welche auch ein bürgerliches Gesetzbuch redigiren sollte, über deren Thätigkeit aber nichts bekannt geworden ist. Endlich wurde in Folge einer weiteren Verfügung vom 8. April 1854 die Herstellung eines Gesetzbuches angeordnet, welches, in 7 Bücher und 4583 Artikel getheilt, vollendet worden ist. Dieses Gesetzbuch wurde — es ist dies die achte Stufe auf dem Wege bayerischer Kodifikationsversuche — im Jahre 1858 einer Kommission zur Berathung übergeben. Dieselbe hat jenen Entwurf überarbeitet und aus ihm Bruchstücke veröffentlicht.[4])

Es umfassen von diesen veröffentlichten Fragmenten:

1. die Publikation des Jahres 1860:
   a) aus dem allgemeinen Theil der Hauptstücke „von den Rechtsgeschäften" in 172 Artikeln;
   b) Theil II. „das Recht der Schuldverhältnisse" in 976 Artikeln

   nebst Motiven.[5])
2. die Publikation des Jahres 1864:
   c) aus dem allgemeinen Theile 30 auf das Sachenrecht bezügliche Artikel (143—172);
   d) Theil III. „Besitz und Rechte an Sachen" in 450 Artikeln

   nebst Motiven.[6])

---

[4]) a) Entwurf eines bürgerlichen Gesetzbuches für das Königreich Bayern. Theil I. Hauptstück ... Von den Rechtsgeschäften. Theil II. Recht der Schuldverhältnisse. München 1861.
b) Motive zu dem Entwurfe eines bürgerlichen Gesetzbuches für das Königreich Bayern. München 1861.
c) Entwurf eines bürgerlichen Gesetzbuches für das Königreich Bayern (Fortsetzung). München 1864.
d) Motive zu dem Entwurfe eines bürgerlichen Gesetzbuches für das Königreich Bayern (Fortsetzung). München 1864.

[5]) Zu a) S. 1—52, zu b) S. 53—298.

[6]) Zu a) S. 1—9, zu b) S. 11—131.

Die beiden den Veröffentlichungen vorangestellten Ministerial-Verfügungen vom 28. November 1860, bezw. vom 1. Juni 1864 fordern zur „allgemeinen Beurtheilung", bezw. zur „allgemeinen Prüfung und Würdigung" auf und sagen Berücksichtigung der zu erhebenden Monita bei der Schlußredaktion in dritter Lesung zu. In der Einleitung zu dem 1864 veröffentlichten Stücke der Motive[7]) werden eine Reihe der über das erste veröffentlichte Bruchstück eingegangenen Beurtheilungen angeführt und dankend erwähnt.

Der Entwurf will nicht subsidiäres, sondern prinzipales Recht schaffen.[8])

Bemerkenswerth ist die dem Plane zu Grunde liegende systematische Anordnung: allgemeiner Theil, Recht der Schuldverhältnisse, Rechte an Sachen, Familienrecht, Erbrecht. „Die Voranstellung des Rechtes der Schuldverhältnisse[9]) rechtfertigt sich, abgesehen von der Wichtigkeit desselben für den Rechtsverkehr, durch die Erwägung, daß dieser Theil des Privatrechtes fast gar keine Rechtssätze aus den übrigen Theilen des Rechtssystemes zur Voraussetzung hat, während seine eigenen Bestimmungen vielfach in die letzteren eingreifen."[10])

c) Sachsen.

§ 13.

Die Kodifikationsversuche auf dem Gebiete des Privatrechtes[1]) reichen in Sachsen bis in das 18. Jahrhundert zurück. Schon 1763 tauchte der erste bezügliche Plan auf, auch bestand 1791—1819 eine Gesetzeskommission. Eine ernstliche Inangriffnahme der Arbeit fand aber erst im Jahre 1846 statt, in welchem der Geheimrath Held mit der Abfassung eines privatrechtlichen Gesetzbuches beauftragt wurde.

Der von diesem im Jahre 1852 vollendete, im Jahre 1853 gedruckte und am 21. April 1853 den Ständen vorgelegte, von deren Deputationen bis zum Schlusse des Obligationenrechtes durchberathene Entwurf wurde von der Regierung wieder zurückgezogen, weil sie durch die Kritiken des Entwurfes, gedruckte wie handschriftliche, die Ueberzeugung erlangte, daß er zur Publikation noch nicht reif sei und

---

7) S. III.

8) Einl. zu den Motiven von 1861 S. IV ff.

9) Diese Anordnung ist auch in den jetzt vorliegenden Reichsentwurf übergegangen.

10) Einl. zu den Motiven von 1860 S. V, VI.

1) Grützmann, Lehrbuch des sächsischen Privatrechtes Bd. 1 § 4 S. 8 ff.

in dieser Ueberzeugung durch die Berathungen in der ständischen Deputation bestärkt wurde,[2]) endlich sich die Aussicht einer Betheiligung der Thüringischen Staaten und Anhalts an dem Werke bot.

Zu Anfang des Jahres 1856 ward zur Revision des Heldschen Entwurfes eine Kommission unter dem Vorsitze des Appellationsgerichts-Präsidenten von Langenn niedergesetzt, in welcher außer Sachsen auch die Thüringischen Staaten und Anhalt-Dessau vertreten waren. Referent war erst Held, nach dessen Tode der Oberappellationsgerichtsrath, späterer Geheime Justizrath Siebenhaar.[3]) Die Gesammtzahl der übrigen Mitglieder betrug 9, außer Deputirten der verschiedenen sächsischen Verwaltungsministerien. Zunächst wurden die Beschlüsse in voller Versammlung gefaßt, dann von einer besonderen Deputation redigirt; diese Redaktion wurde dann nochmals der vollen Versammlung vorgelegt. In vierjähriger Arbeit vollendete die Kommission ihr Werk; die erste Lesung schloß gegen Ende März 1860, die zweite gegen Ende Mai desselben Jahres. Im ganzen wurden in der vollen Versammlung 245, in der Redaktions-Deputation 83 Sitzungen gehalten.

Der Entwurf und die allgemeinen Motive wurden am 30. November 1860, die speziellen Motive am 29. Januar 1861 den Ständen mitgetheilt und durch den Druck veröffentlicht.[4])

In den allgemeinen Motiven sind mit ausgezeichneter Klarheit und Schärfe die einzelnen Seiten des Problems der Kodifikation im allgemeinen erörtert. Dies gilt nicht nur von der — heute wohl nicht mehr zweifelhaften — Frage, ob die subsidiäre Geltung des gemeinen Rechtes beizubehalten sei,[5]) von den Erörterungen über das System,[6]) von der

---

[2]) S. über diese Vorgänge allgem. Motive zum Entw. eines bürgerlichen G.-B. f. d. Königreich Sachsen. 1860. S. 423—426.

[3]) Ueber die Arbeiten dieser sog. Revisionskommission s. a. a. O. S. 426, 427, wo auch die einzelnen Mitglieder namentlich angeführt sind.

[4]) Entwurf eines bürgerlichen Gesetzbuches für das Königreich Sachsen nebst allgemeinen Motiven und Inhaltsverzeichniß 1860. (Der Entwurf, 2653 Paragraphen umfassend, füllt S. 1—422, die Motive S. 423—484, das „Inhaltsverzeichniß" [ein alphabetisches Register] S. 485—549). — Spezielle Motiven (sic!) und Publikationsverordnung zu dem Entwurfe eines bürgerlichen Gesetzbuches für das Königreich Sachsen 1861 (S. 553—915 bilden die speziellen Motive, S. 916—921 als Publikationsverordnung). — An den Entwurf hat sich eine scharfe Kritik und heftige Polemik geknüpft. Namentlich Unger griff das Werk an, welches von Pöschmann vertheidigt wurde. Diese Streitigkeiten bieten gegenwärtig kein Interesse mehr.

[5]) Entwurf 2c. (s. Anm. 4) S. 474 ff.

[6]) S. a. a. O. S. 427 ff.

Begrenzung der Aufgabe gegenüber den Sonderrechten,[7]) von den allgemeinen Grundsätzen für die Redaktion eines Civilgesetzbuches,[8]) sondern es gilt vor allem von der entschiedenen Stellungnahme zu der Kodifikationsfrage überhaupt. Die Motive zum Sächsischen bürgerlichen Gesetzbuche enthalten die folgende vernichtende Kritik der Erfahrung über den schönen Savignyschen Traum von einer durch die Wissenschaft zu erreichenden Rechtseinheit (s. oben § 5 S. 14 f.):

> „Somit ist Thatsache, daß die historische Richtung der Rechtswissenschaft das römische Recht nicht bloß bei den Nichtjuristen, sondern auch bei einem großen Theile der praktischen Juristen unbeliebt gemacht hat. Man sieht es für ein Mißgeschick an, daß, während die Rechtswissenschaft bloß dann fortschreiten kann, wenn sie in allen Theilen gleichmäßig bearbeitet wird, seit länger als einem Menschenalter die besten Talente sich bloß mit der historischen Erforschung des römischen Rechtes beschäftigt haben. Man findet die Ergebnisse der Wissenschaft auch in dieser beschränkten Richtung, im Verhältnisse zu dem herbeigeschafften gelehrten Apparate, auf jeden Fall für das praktische Recht nur sehr geringfügig, weil sie bloß darin bestehen, daß einigen wenigen Rechtssätzen, welche als römische gegolten haben, der römische Ursprung und die ihnen deshalb zugeschriebene Anwendbarkeit nicht zukommt, während dabei ganz dahingestellt bleibt, ob diese Sätze nicht auch ohnedem gerechtfertigt werden können und namentlich in unser Rechtsbewußtsein übergegangen sind."[9])

So sei ein Zwiespalt zwischen Theorie und Praxis entstanden, die Ungewißheit im Recht vermehrt, das letztere ausschließliches Eigenthum der Gelehrten geworden.[10])

Es soll nicht verkannt werden, daß in dieser Richtung heutzutage manches besser geworden sein mag, immerhin bilden die mitgetheilten Worte auch gegenwärtig noch eine Mahnung gegen die Ueberschätzung der Wissenschaft und gegen eine einseitige Betonung von deren Interessen bei Lösung kodifikatorischer Aufgaben.

Die Stände nahmen eine Anzahl Abänderungen an dem Entwurfe an, ertheilten unter der Voraussetzung der Berücksichtigung ihrer

---

[7]) S. a. a. O. S. 452 ff.

[8]) S. a. a. O. S. 483 f.

[9]) S. a. a. O. S. 467 f.

[10]) S. a. a. O. S. 468—470.

Vorschläge demselben ihre Zustimmung und ermächtigten die Regierung zu einer Schlußredaktion. Nachdem diese erfolgt war, wurde das Gesetzbuch durch Verordnung vom 2. Januar 1863[11]) mit der Ermächtigung für den Justizminister publizirt, den Zeitpunkt des Inkrafttretens seinerseits zu bestimmen, jedoch so, daß zwischen der Publikation und diesem Zeitpunkte wenigstens ein Jahr inneliegen müsse. Das Justizministerium setzte demgemäß das Inkrafttreten durch Verordnung vom 9. Januar 1865[12]) auf den 1. März 1865 fest.

Die Thüringischen Staaten und Anhalt nahmen den Entwurf, an dessen Ausarbeitung sie mitbetheiligt gewesen, nicht an.[13])

Das Gesetzbuch besteht aus 2620 Paragraphen, welche in folgender Weise auf die fünf Theile entfallen:

I. Theil. Allgemeine Bestimmungen §§ 1—185.
II. Theil. Das Sachenrecht §§ 186—661.
III. Theil. Das Recht der Forderungen §§ 662—1567.
IV. Theil. Das Familien- und Verwandtschaftsrecht §§ 1568 bis 1998.
V. Theil. Das Erbschaftsrecht §§ 1999—2620.

Das Bürgerliche Gesetzbuch für das Königreich Sachsen nimmt insofern, im Vergleiche zu den anderen Kodifikationsarbeiten, ein besonderes Interesse in Anspruch, als es das einzige dieser Werke ist, welches Gesetzeskraft erlangt hat. Inwieweit etwa sachliche Vorzüge gerade dieses Gesetzbuches dieses ausnahmsweise günstige Ergebniß veranlaßt haben, braucht nicht untersucht zu werden. Schon allein der Umstand, daß es für ein eng begrenztes Rechtsgebiet mit vielfach eigenthümlicher, aber gleichartiger Rechtsentwickelung bestimmt war, daß es im wesentlichen nichts Neues schaffen, sondern Bestehendes feststellen wollte,[14]) genügt, um den Erfolg zu erklären. Aber auch hier bleibt das Scheitern der Ausdehnung auf Thüringen und Anhalt ein Fingerzeig dafür, daß nicht Unfähigkeit und Ungeschick allein, sondern daß innere Gründe die, von Sachsen abgesehen, vollständige Unfruchtbarkeit aller auf Kodifikation des Privatrechtes gerichteten Bestrebungen zur Folge hatten.

---

11) Sächsisches Gesetz- u Verordn.-Bl. 1863 S. 1.

12) Sächsisches Gesetz- u. Verordn.-Bl. 1865 S. 1.

13) Nach Grützmann (s. Anm. 1) S. 10 in Folge der ungünstigen Beurtheilung, welche der Entwurf seitens des damaligen Vizepräsidenten des Appellationsgerichts in Altenburg, von Wagner, in den Blättern für Rechtspflege in Thüringen u. Anhalt Bd. 14 S. 65 ff.; 129 ff.; 209 ff. gefunden hat.

14) S. das Gutachten der sog. Vorkommission (§ 17) bei Gruchot Beitr. z. Erläut. d. deutsch. R. Bd. 21 S. 177.

d) Großherzogthum Hessen.

§ 14.

Auch im Großherzogthum Hessen war durch die Verfassungs-Urkunde[1]) vorgeschrieben, daß für das ganze Großherzogthum ein bürgerliches Gesetzbuch eingeführt werden solle. In Erfüllung dieser Bestimmung wurden stückweise Theile eines Entwurfes veröffentlicht, „um bei den demnächstigen definitiven Entschließungen die inzwischen laut gewordenen Ansichten der in- und ausländischen Männer vom Fach benutzen zu können", und zwar

1. das Personenrecht (65 Artikel) am 26. Oktober 1841;
2. der Titel von den Vermögensgegenständen und deren Eintheilung, von dem Besitze, von dem Eigenthum, von den Dienstbarkeiten, von der Verjährung und Ersitzung (58 Artikel) am 22. Oktober 1845;
3. das Erbrecht (363 Artikel) an demselben Tage;
4. das erste Buch des Obligationenrechtes (365 Artikel) am 16. Februar 1853;
5. das zweite Buch des Obligationenrechtes (685 Artikel) am 16. August 1853.

Die Theilentwürfe zu 1. bis 3. sind bei der Veröffentlichung als „eine Arbeit des Redaktors beziehungsweise der zur Begutachtung des Entwurfes eines bürgerlichen Gesetzbuches für das Großherzogthum Hessen niedergesetzten Kommission" bezeichnet. Jedem Theile sind eingehende Motive beigegeben.

Die Einleitung zu den Motiven des ersten Theiles beruft sich für das Verfahren einer stückweisen Berathung der Vorlage auf die Vorgänge Frankreichs und Hollands; die Theilentwürfe sollten nur vorläufig berathen und angenommen, nicht aber schon jetzt als Gesetze publizirt werden. Der allgemeine Theil sollte erst nach Annahme der einzelnen Stücke als Schlußarbeit entworfen werden.

Die einzelnen Theile sollten, nachdem sie der öffentlichen Kritik freigestanden hatten, von der Regierung nochmals überarbeitet werden. Dies ist indessen nur bezüglich des ersten Theiles geschehen.[2]) Derselbe ist demnächst zwar von den Ständen angenommen, aber nicht publizirt worden.[3])

---

[1]) Tit. X. Art. 103.

[2]) Der den Ständen vorgelegte Entwurf führt den Titel „Entwurf der ersten Abtheilung des bürgerlichen Gesetzbuches für das Großherzogthum Hessen",

V.

Die Zuständigkeit des Norddeutschen Bundes und des Deutschen Reiches zu privatrechtlicher Gesetzgebung.

1. Der Norddeutsche Bund.

§ 15.

Der Bundesbeschluß vom 14. Juni 1866 hatte die bisherige staatsrechtliche Form einer Einigung aller deutschen Staaten zertrümmert — zu derselben Zeit, als der sog. Dresdener Entwurf (vergl. § 10) durch die Veröffentlichung der Kritik der deutschen Rechtswissenschaft unterbreitet wurde. Es war eine nothwendige Folge der politischen Ereignisse, daß dieser, ohne Preußens Mitwirkung zu Stande gekommene Entwurf mit dem Bunde seine Bedeutung als eine Grundlage für die Rechtseinigung Deutschlands verlor.[1]) Bei der staatlichen Neubildung, die in Deutschland sich vollzog, erschien es zunächst zweifelhaft, ob die Reform und Kodifikation des Privatrechtes zu den nationalen Aufgaben der neuen staatsrechtlichen Schöpfung gehören solle, welche an die Stelle des Deutschen Bundes trat, oder ob die Einzelstaaten ihre bis dahin erfolglosen Bestrebungen zur Lösung jener Aufgabe fortzusetzen haben würden.

Daß Oesterreich hierfür nicht ferner in Betracht kam, war eine nothwendige Folge seines Ausscheidens aus einer engeren politischen Gemeinschaft mit den übrigen Gliedern des Deutschen Bundes. So lange das „engere Bundesverhältniß", wie es Art. 4 des Prager Friedens vom 23. August 1866 zuließ, sich zufolge eben dieser Bestimmung auf die Staaten nördlich der Mainlinie beschränkte, und da andererseits der für die Südstaaten in Aussicht genommene „Verein"

Darmstadt 1844 und enthält 67 Artikel. Auch hierzu ist ein besonderer Band Motive veröffentlicht. Dem Entwurf ist vorgedruckt (S. 3—17) der „Vortrag des Großherzoglichen Regierungs-Kommissars, Ministerialraths Dr. Breidenbach bei Uebergabe des Entwurfes der ersten Abtheilung des neuen bürgerlichen Gesetzbuches für das Großherzogthum an die von beiden Kammern der Stände zur Begutachtung dieses Entwurfes gewählten Ausschüsse", welcher einige Mittheilungen über die Entstehungsgeschichte enthält.

[3]) Küchler, Gesetzgebung des Großherzogthums Hessen, S. 85.

[1]) Eine eigenthümliche Bedeutung, welche jener Entwurf noch für die Berathungen des jetzt vorliegenden Entwurfes erlangen sollte, wird unten (§§ 20, 21) zu erwähnen sein.

nicht zu Stande kam, stand das Problem zunächst nur für die zum Norddeutschen Bunde vereinigten Staaten in Frage. Erst mit der Gründung des Deutschen Reiches im Jahre 1871 gewann die Frage der Schaffung eines einheitlichen Civilrechtes auch für Süddeutschland Bedeutung.

Der von den verbündeten Regierungen dem konstituirenden Reichstage am 4. März 1867 vorgelegte „Entwurf einer Verfassung des Norddeutschen Bundes" überwies in Art. 4 Nr. 13 der Gesetzgebung des Bundes nur

„die gemeinsame Civilprozeßordnung und das gemeinsame Konkursverfahren, Wechsel- und Handelsrecht".

Hierzu waren Abänderungsanträge gestellt

1. von Miquél[2]): jene Nummer zu fassen:
   „die gemeinsame Gesetzgebung über das bürgerliche Recht, das Strafrecht und das gerichtliche Verfahren";
2. von Lasker[3]): der Nr. 13 die Fassung zu geben:
   „die gemeinsame Gesetzgebung über das Obligationenrecht, das Strafrecht, Handels- und Wechselrecht, und das gerichtliche Verfahren";
3. von Schwarze[4]): hinter den Worten „Wechsel- und Handelsrecht" hinzuzufügen das Wort „Obligationsrecht" (sic!).

Es ist zu beachten, daß diese sämmtlichen Anträge, ebenso wie der Verfassungsentwurf selbst, nur eine Festsetzung der Bundeszuständigkeit für jene Rechtsgebiete verlangten; die Frage, ob die durch eine solche Festsetzung dem Bunde erwachsende weitere oder engere Aufgabe im Wege der Kodifikation oder der Einzelgesetzgebung zu lösen sei, blieb unberührt. Sie hat aber in den parlamentarischen Erörterungen eine wichtige Rolle gespielt.

Am 20. März 1867 fand die Berathung über jene Anträge statt.[5]) Zuerst kam Lasker zum Worte. Er begründete seine Ansicht, daß die Gemeinsamkeit des bürgerlichen Rechtes über das Obligationenrecht nicht hinauszugehen habe, in folgender Weise:

„Das Civilrecht enthält außer dem Obligatiorenrecht die Materien: Sachenrecht, Personenrecht und Erbrecht. In keiner dieser drei Materien liegt die Nothwendigkeit einer

---

2) Drucks. d. konstituirenden Reichstages Nr. 29 (Anl. zu den Sten. Ber. S. 49).

3) Drucks. Nr. 16 ad 4; angef. Anl. S. 40.

4) Sten. Ber. S. 291.

5) Sten. Ber. S. 284—292.

gemeinschaftlichen Gesetzgebung so klar zu Tage, wie beim Obligationenrecht; theilweise sogar müssen diese Materien der Provinzialgesetzgebung vorbehalten werden, wie beispielsweise das Erbrecht in erster Linie, sodann das Personenrecht, da deren Regeln nach Provinzen sich verschieden zu gestalten pflegen, wie das eheliche Güterrecht und verschiedene andere Rechtsinstitute. Das Obligationenrecht hat bei weitem mehr die Merkmale einer gemeinsamen Rechtsmaterie, ja sogar es ist nothwendig, daß wir jetzt ein gemeinsames Obligationenrecht haben, nachdem das Handels- und Wechselrecht schon gemeines deutsches Recht geworden ist."[6])

Das Bedenken, es sei unmöglich, das Obligationenrecht auszuscheiden, gab Lasker zu; es werde indessen nach dem Vorbilde des Dresdener Entwurfes zu unterscheiden sein, inwiefern einzelne andere Materien in das Obligationenrecht hineingezogen werden müssen.

Miquél suchte zunächst die Einwendungen zu widerlegen, daß eine übermäßige Centralisirung eintreten und die provinzielle Rechtsentwickelung gefährdet werde. Dann aber betonte er vor allem den politischen Standpunkt:

„Ich halte es nicht für nothwendig, Ihnen den Nachweis zu erbringen, daß das Streben nach einer Rechtseinheit eine nothwendige Voraussetzung eines nationalen Staates ist. Eine Rechtseinheit mag nicht nothwendig die Bedingung der Begründung eines solchen Staates sein; die Aufgabe aber sich zu stellen, die Rechtseinheit zu begründen, das ist ganz unbedingt nothwendig, wenn man an die Gründung eines neuen nationalen Staates geht. Wir dürfen daher nicht davor zurückschrecken, diese Aufgabe zur Kompetenz des Bundes zu rechnen, sonst negiren wir den Zweck, dem der Bund dienen soll."

---

[6]) Bei späterem Anlaß (in der Sitzung des Norddeutschen Reichstages vom 28. April 1869, Sten. Ber. S. 652) hat Lasker, befragt, wie seine spätere Befürwortung einer unbeschränkten Civilgesetzgebungs-Kompetenz des Bundes sich mit dem Standpunkte der im Text wiedergegebenen Rede vereinigen lasse, erklärt, er sei materiell für den Inhalt des Miquélschen Antrages gewesen; „nur hat es die Politik im konstituirenden Reichstage nöthig gemacht, daß wir bei den Abänderungen, welche uns am Herzen lagen, immer einen Antrag in Reserve hatten, damit wir, wenn der weitergehende Antrag abgelehnt wurde, auch das Geringere erreichten; und bei der Aufgabe, die wir unter uns vertheilt hatten, fiel es dem Herrn Abgeordneten Miquél zu, den ganzen und vollen Antrag einzubringen, und mir, den beschränkteren Weg zu vertreten."

Die Schonung provinzieller Eigenthümlichkeiten sei nothwendig, aber andererseits

> „darf man auch nicht alles, was in der Nation als Besonderes und Eigenthümliches sich vorfindet, schon deshalb schonen wollen, weil es einmal als eine Verschiedenheit vorhanden ist".

Die Schöpfung eines gemeinsamen Civilgesetzbuches wurde nur als Möglichkeit angedeutet, sie sei nicht von heute auf morgen nöthig.

Bestimmteren Ausdruck fand aber der Gedanke eines einheitlichen bürgerlichen Gesetzbuches in dem Munde der beiden Redner, welche allein, und zwar als Freunde des Miquélschen Antrages, in der im übrigen unbedeutenden Debatte sich hervorhoben — in dem Munde der großen Leipziger Rechtslehrer von Wächter und von Gerber. Die Unterstützung derselben wiegt um so schwerer, als beide nichts weniger als centralistischen Gedanken geneigt waren, ja Wächter schließlich gegen die Bundesverfassung stimmte.[7]) Wächter sagte:

> „Ich glaube, wir könnten wohl es wenigstens als eine zulässige Aufgabe der Zukunft hinstellen, überhaupt ein gemeinsames bürgerliches Gesetzbuch für den ganzen Norddeutschen Bund und für diejenigen deutschen Staaten, die wir hoffentlich noch zu unserem Bunde heranziehen werden, zu schaffen. Es wird dabei allerdings — und das bevorworte ich — manches für ein Partikularrecht übrig bleiben müssen; Sie werden für die ehelichen Güterverhältnisse einen sehr freien Raum für Partikularrechte einräumen müssen; Sie werden für manche Grundeigenthumsverhältnisse auch manches Partikularistische zulassen müssen; aber warum soll man sich nicht im übrigen, namentlich für das Allgemeine, das Maßgebende, für das Wichtigste bei jedem Recht, für die allgemeinen Prinzipien, zu einem gemeinsamen Kodex vereinigen können? Und deshalb, meine Herren, möchte ich Sie bitten, streichen Sie uns nicht jenes Ziel aus den Bestrebungen der Zukunft für den Norddeutschen Bund aus, sondern lassen Sie es."

Freilich sah er die Erreichung dieses Zieles noch nicht als eine Aufgabe der nächsten Zukunft an; es sei zunächst noch auf anderen Gebieten zu thun.

Gerber hingegen lehnte eine alsbaldige Gesammtkodifikation des bürgerlichen Rechtes geradezu ab. Nur allmählich könne man vorgehen:

---

[7]) Sten. Ber. S. 729.

„Ueberall, wo im Privatrecht bei einem einzelnen Gebiete des wirthschaftlichen oder des gesellschaftlichen Lebens oder sonstiger auf das Privatrecht wirkender Interessen das Bedürfniß auftritt, etwas Gemeinsames zu schaffen, da sollte unsere Bundesgewalt einschreiten. So kommen wir allmählich auf einem äußerst naturgemäßen Wege zu einem einheitlichen Rechte und unsere deutsche Jurisprudenz ist in der Lage, stückweise den Boden zu erobern und stückweise das Material vorzubereiten. Sprechen wir es aber wirklich aus, daß unsere Bundesgewalt hierzu ermächtigt ist. Ich glaube, wenn wir dieses aussprechen, dann geben Sie den deutschen Juristen den Muth zurück, der ihnen zum Theil schon entschwunden war."

Die Abstimmung über die Worte „das bürgerliche Recht" blieb zweifelhaft; bei der Gegenprobe erst wurde die Ablehnung konstatirt, demnächst der Antrag Lasker angenommen und in dieser Fassung Art. 4 Nr. 13 der Norddeutschen Bundesverfassung publizirt. [8])

Im Jahre 1869 erschien der Antrag Miquél — diesmal von Lasker mitgestellt — wieder im Reichstage des Norddeutschen Bundes. Es wurde beantragt, im Wege der Verfassungsänderung dem Art. 4 Nr. 13 der Bundesverfassung folgenden Wortlaut zu geben:

„die gemeinsame Gesetzgebung über das gesammte bürgerliche Recht, das Strafrecht und das gerichtliche Verfahren, einschließlich der Gerichtsorganisation". [9])

In drei Berathungen, und zwar in den Sitzungen vom 19., 28. April und 5. Mai 1869 [10]), wurde der Antrag Gegenstand eingehender Debatten. Im Vordergrunde derselben stand die staatsrechtliche Frage der „Kompetenz-Kompetenz" — die Frage, ob der Norddeutsche Bund befugt sei, im Wege der Verfassungsänderung gemäß Art. 78 der Bundesverfassung seine eigene Zuständigkeit zu erweitern. [11]) Gegenüber der Bejahung, welche diese Frage in nunmehr zwanzigjähriger Staats-

---

[8]) Publikandum des Bundespräsidiums v. 26. Juli 1867 (B.G.Bl. S. 1).

[9]) Drucks. Nr. 52 (Anlage zu den Sten. Ber. S. 175). Eine formale Ergänzung des Antrages bezüglich der Eingangsformel s. Sten. Ber. S. 648.

[10]) Sten. Ber. S. 445—470; 647—654; 833—835.

[11]) S. die Aeußerungen der Abgeordneten Wagener (Neustettin) Sten. Ber. S. 449; Dr. Friedenthal S. 150; von Zehmen S. 453; Schulze S. 456; Windthorst S. 457; Braun (Wiesbaden) S. 460; Lasker S. 467; Bähr S. 647; Graf von Bassewitz S. 648; Planck S. 649; Ackermann S. 651; Lasker S. 653.

praxis gefunden hat, erregen jene Ausführungen heute nur noch ein geschichtliches Interesse.

Mit richtigem Scharfblicke erkannte der bedeutendste Gegner des Antrages, der Abg. Windthorst, die Unklarheit, welche bei der Diskussion darüber herrschte, ob man nur eine Bundeskompetenz für civilrechtliche Einzelgesetze oder die Schaffung eines einheitlichen Civilgesetzbuches wolle.[12]) Der Antragsteller Miquél selbst überwies die Ausarbeitung eines gemeinsamen Civilgesetzbuches der Zukunft, Bähr schloß sich ihm hierin an.[13]) Zweifelnd verhielt sich der Kodifikationsfrage gegenüber Braun (Wiesbaden),[14]) während Friedenthal, Schulze, Planck den Gedanken an ein gemeinsames Civilgesetzbuch sogar ablehnten.[15])

Die Diskussion wurde daher hauptsächlich von dem Gesichtspunkte der Möglichkeit und Räthlichkeit civilrechtlicher Einzelgesetze beherrscht. Man machte für die Verfassungsänderung geltend: die nationale Einheit; die nothwendige Abschleifung des Partikularismus durch die Schaffung gemeinsamer Civilgesetze für das Reich; die in Preußen thatsächlich erwiesene Möglichkeit, für Gebiete verschiedenen Rechtes Theile des Civilrechtes (Immobiliarsachenrecht, Erbbescheinigung u. s. w.) gleichmäßig zu regeln; die Schwierigkeit einer Ausscheidung des Obligationenrechtes. Die Gegner des Antrages beriefen sich auf die Unmöglichkeit, wesentliche Theile des Civilrechtes (Erbrecht, Familienrecht, bäuerliche Verhältnisse) einheitlich zu regeln; auf die Größe der Aufgabe, ein Civilgesetzbuch zu schaffen; auf den Zusammenhang des Rechtes mit dem Volksleben, der bewirke, daß es nicht künstlich geschaffen werden könne; auf die Erschwerung des Eintrittes der süddeutschen Staaten durch die Ausdehnung der Bundeskompetenz auf das bürgerliche Recht; auch die Erhaltung des Sächsischen Civilgesetzbuches (s. § 13) wurde von einem sächsischen Redner als Grund gegen die Erweiterung der nationalen Aufgaben unverhohlen ins Feld geführt. Gegenüber der prinzipiellen Abwehr des aus dem Antrage folgenden Eingriffes in die Rechte der Einzelstaaten wies Miquél treffend darauf hin, daß den kleineren Einzelstaaten die Kraft zur Schaffung eigener Civilgesetzbücher fehle, und daß daher vielmehr die Gefahr nahe liege, daß Preußen schöpferisch vorgehe und den anderen Staaten nur übrig bleibe, das Werk Preußens anzunehmen.

---

12) Sten. Ber. S. 459.

13) Sten. Ber. S. 447, 647.

14) S. a. a. O. S. 462.

15) S. a. a. O. S. 452, 456, 650.

Vom Bundesrathstische erklärte Delbrück[16]) nur, der Antrag sei im Bundesrathe noch nicht berathen worden.

Das Ergebniß der Abstimmungen bei der zweiten und dritten Berathung war Annahme mit großer, beziehungsweise mit sehr großer Majorität.[17])

Im Herbste desselben Jahres suchten die gleichen Antragsteller, Miquél und Lasker, das Gewicht des preußischen Abgeordnetenhauses für die von ihnen erstrebte Einheit des Civilrechtes zu gewinnen durch den Antrag[18]):

Das Haus der Abgeordneten wolle beschließen:

die Königliche Staatsregierung aufzufordern, ihren ganzen Einfluß geltend zu machen, daß im Wege der Bundesgesetzgebung die Kompetenz des Norddeutschen Bundes auf das gesammte bürgerliche Recht ausgedehnt werde.

Begründet wurde der Antrag mit folgenden „Motiven":

1. Die Rechtseinheit für den Norddeutschen Bund wird in Betreff des gesammten bürgerlichen Rechtes als ein dringendes Bedürfniß gefühlt.
2. Der Norddeutsche Bund allein ist durch seine Gesetzgebung die Kompetenz zu regeln berechtigt, und dies zu thun nicht behindert.
3. Der Reichstag hat die Ausdehnung der Kompetenz über das gesammte bürgerliche Recht bereits beschlossen. Die Zustimmung des Bundesrathes ist jedoch bis jetzt noch nicht erfolgt, während anscheinend im Zusammenhange hiermit mehrere für die Bundesgemeinsamkeit sich eignende Angelegenheiten des bürgerlichen Rechtes dem Preußischen Landtage zur Regelung für das Gebiet Preußens vorgelegt sind.[19]

---

16) S. a. a. O. S. 462.

17) S. a. a. O. S. 654, 835.

18) Drucks. d. Abgeordnetenhauses 1869/70 Nr. 32, Sten. Ber. Anl. Bd. 1 S. 275.

19) Gemeint sind (vgl. die Aeußerung Miquéls, Sten. Ber. S. 723) die Entwürfe eines Gesetzes über das Alter der Großjährigkeit; eines Gesetzes, betreffend die Aufhebung der besonderen bei Interzessionen der Frauen geltenden Vorschriften; eines Gesetzes über den Eigenthumserwerb und die dingliche Belastung der Grundstücke, Bergwerke und selbständigen Gerechtigkeiten; endlich der Entwurf einer Grundbuchordnung (Drucks. d. preuß. Abgeordnetenhauses 1869/70 Nr. 20, 21, 23, 24 — Anlagen d. Sten. Ber. Bd. 1 S. 178, 179, 191, 226).

Nachdem in der Sitzung vom 6. Oktober 1869[20]) beschlossen war, in die Vorberathung des Antrages einzutreten, fand diese am 24. November 1869,[21]) die Schlußberathung am 10. Dezember 1869[22]) statt. Beide endeten mit Annahme des Antrages, bei der ersteren in namentlicher Abstimmung mit 218 gegen 116 Stimmen, bei der letzteren „mit erheblicher Majorität".

Die Gesichtspunkte, welche von den Vertheidigern wie von den Gegnern des Antrages geltend gemacht wurden, waren im Allgemeinen dieselben, welche im Reichstage zur Sprache gebracht waren.[23]) Naturgemäß nahm bei der Debatte in der Landesvertretung eines einzelnen Bundesstaates die Streitfrage der „Kompetenz-Kompetenz" (vgl. S. 37 f.) besonders breiten Raum ein. Der preußische Justizminister Dr. Leonhardt bezeichnete die Herstellung der Rechtseinheit, auch auf dem Gebiete des bürgerlichen Rechtes, als ein „mit allen Kräften zu erstrebendes großes nationales Gut"; die Herstellung eines bürgerlichen Gesetzbuches für den ganzen Umfang der Monarchie, und wenn es sein könne, für Norddeutschland, sei keine Aufgabe, vor welcher er zurückscheute, obwohl er die Größe und die Schwierigkeit dieser Aufgabe nicht verkenne. Indessen äußerte er den Wunsch, daß der Antrag nicht an die preußische Regierung gelangen möge, weil es sich nicht empfehle, daß die Landesvertretungen der Einzelstaaten sich in dieser Gestalt in die Bundesgesetzgebung einmischen.[24])

2. Das Deutsche Reich.

§ 16.

Das Jahr 1870 unterbrach zunächst die Bestrebungen der Freunde deutscher Civilrechtseinheit. Die Neuredaktion der Reichsverfassung vom 16. April 1871[1]) bot zu einer Erweiterung des Art. 4 Nr. 13 keinen Raum, da sie zu materiellen Aenderungen nicht bestimmt war. Dagegen erschien der Antrag auf eine bezügliche Erweiterung der Reichszuständigkeit im Reichstage immer aufs neue unter dem Namen Laskers,

---

[20]) Sten. Ber. S. 89.

[21]) S. a. a. O. S. 720—742.

[22]) S. a. a. O. S. 1091—1098. So auch Druckf. Nr. 143; Anl. S. 714.

[23]) Neu ist der Hinweis des Abg. Achenbach auf die inzwischen erfolgte Schaffung des Reichsoberhandelsgerichtes: ein oberster Gerichtshof könne auf die Dauer nur Vertrauen genießen, wenn durch Herstellung der Einheit des materiellen Rechtes eine Grundlage geschaffen sei, auf Grund deren der Gerichtshof wirksam thätig sein könne. (Sten. Ber. S. 731 f.)

[24]) S. a. a. O. S. 724 f., 729.

[1]) R.-G.-Bl. S. 63.

1871[2]) in derselben Form wie 1869 (s. oben S. 37), 1872[3]) und 1873[4]) unter Weglassung der Worte „einschließlich der Gerichtsorganisation".[5]) Das Ergebniß der Berathungen war stets Annahme des Antrages mit „großer" oder „überwiegender" Mehrheit.

Neue Gründe für oder gegen die Ausdehnung der Reichszuständigkeit auf das gesammte bürgerliche Recht außer den bereits bei den früheren Berathungen geltend gemachten Gesichtspunkten sind in den längeren Diskussionen kaum vorgebracht worden. Ganz unabhängig von der Stellung der einzelnen Abgeordneten zu dem Antrage, um den es sich handelte, ist ihre Ansicht über die Inangriffnahme eines einheitlichen Civilgesetzbuches. Während Miquél, Lasker und Braun civilrechtliche Einzelgesetze und daneben die Inaussichtnahme des Gesetzbuches erstreben,[6]) sind Andere — wie insbesondere Schwarze[7]) — für den Antrag, aber gegen

---

[2]) S. Verh. d. R.-T. 1871 II. Seff., Druckf. Nr. 29 (Anl. z. d. Sten. Ber. S. 71); Sitzungen vom 9. u. 15. Nov. 1871 (Sten. Ber. S. 206—223; 276—290).

[3]) S. Verh. d. R.-T. 1872, Druckf. Nr. 63 (Anl. z. d. Sten. Ber. S. 260); Sitzungen vom 29. Mai u. 5. Juni 1872 (Sten. Ber. S. 596—632; 726).

[4]) S. Verh. d. R.-T. 1. Legisl.-Per. II. Seff. 1873, Druckf. Nr. 19 (Anl. z. d. Sten. Ber. S. 138). Sitzungen vom 2. u. 3. April 1873 (Sten. Ber. S. 167 bis 182; 210).

[5]) Ueber die Gründe dieser Weglassung, welche die Zuständigkeit für das bürgerliche Recht nicht betreffen, s. Sten. Ber. 1872 S. 596 (Lasker), 601 (von Faeustle).

[6]) Sten. Ber. 1872 S. 597 f.; 606, 623, 630.

[7]) Sten. Ber. 1871 S. 218. — Bemerkenswerth sind die Worte, mit welchen Schwarze die Aenderung seiner früheren, der Tendenz des Antrages abgeneigten Stellung rechtfertigte (s. a. a. O. S. 217): „Ich habe nachträglich durch die Erfahrungen in der Theilnahme an den Arbeiten dieses Hauses mich überzeugt, daß wir mit der Beschränkung, die die Verfassung uns auferlegt, eine Beschränkung einer gedeihlichen und fruchtreichen Thätigkeit in der Reichsgesetzgebung beseitigen. Ich habe mich ferner überzeugt durch die weiteren Betrachtungen, die ich in Folge dieser Erfahrung in diesem Hause gemacht habe, daß das Bedürfniß einer gemeinsamen Gesetzgebung in der That ein größeres und weitgreifenderes ist, als ich damals bei der früheren Besprechung des Antrages in diesem Hause annehmen zu müssen geglaubt habe . . . — Ich habe ferner gefunden, daß die Strömung unserer ganzen Entwickelung, wie sie durch die Verfassung des Reiches und wie sie insbesondere durch unser Zusammenleben und Zusammenwirken entstanden ist, eine weitere Kompetenz nothwendig erheischt . . . Ich glaube, wir dürfen nicht sagen, das ist partikularrechtlich besser, und jenes nicht. Wir müssen doch anerkennen, da wir auf einem gemeinsamen Rechtsboden im praktischen Leben stehen, daß das, was den Einen in seinem Rechtsleben schädigt, Anderen auch Anlaß geben kann dazu, daß eine gemeinsame Gesetzgebung in der betreffenden Materie Abhilfe gewährt.

ein einheitliches bürgerliches Gesetzbuch. Der gewichtigste Gegner des Antrages, Windthorst, sah sich schließlich selbst zu dem Ausspruche gedrängt: man könne ein bestimmtes bürgerliches Gesetzbuch vielleicht annehmen,[8]) oder später noch entschiedener: er werde glücklich sein, wenn es ihm beschieden sein sollte, einen gut gearbeiteten Kodex für das bürgerliche Recht Deutschlands zu erhalten;[9]) nur gegen die durch den Antrag geschaffene Möglichkeit beliebiger civilrechtlicher Einzelgesetze müsse er sich erklären.

Das Hauptinteresse der Reichstagsverhandlungen über den Antrag Lasker in den drei erwähnten Sessionen liegt in der Haltung der verbündeten Regierungen. Im Jahre 1871 verhielten sich deren Vertreter schweigend. Noch vor der nächsten Verhandlung hatte die Sächsische Kammer der Abgeordneten am 23. Februar 1872 die Erwartung ausgesprochen, daß die Königl. Staatsregierung durch die sächsischen Bundeskommissare zu der Ausdehnung der Reichskompetenz auf die Erlassung eines allgemeinen Gesetzbuches über das Privatrecht im Bundesrathe sich zustimmend erklären werde.[10]) In der Reichstagssitzung vom 29. Mai 1872 ergriffen nacheinander die Vertreter Bayerns (Justizminister von Faeustle),[11]) Sachsens (Geh. Rath Held)[12]) und Württembergs (Minister von Mittnacht)[13]) das Wort. Der erstere wies auf die Schwierigkeiten der Aufgabe, namentlich in Betreff der Scheidung des gemeinsamen und des partikularen Rechtes hin, während er anerkannte, daß der Antrag in seiner Tendenz auf Ermöglichung einer gemeinsamen deutschen Gesetzgebung viel innere Berechtigung habe. Würde man ein fertiges Civilgesetzbuch vorbringen, so würde die bayerische Regierung sich einer eingehenden Würdigung desselben nicht entziehen. Aber zur Zeit vermöge er eine Zusicherung nicht zu geben; er wünsche eine gedeihliche Fortentwickelung der Reichsverfassung auf föderativer Grundlage. Faeustle schloß mit dem Satze: „Aber es muß dies geschehen zum Wohle des Reiches wie der einzelnen Glieder, und die Regierung muß wissen, daß sie sich hierbei auch in Fühlung mit dem Volke befindet, dessen staatliche Vertretung ich in diesem Hause zur Zeit zu übernehmen berufen bin."

---

[8]) Sten. Ber. 1872 S. 619.

[9]) Sten. Ber. 1873 S. 170.

[10]) Hier angeführt nach Rassow in Gruchots Beiträgen Bd. 21 S. 174. S. auch die Erklärung des sächsischen Bundesrathsbevollmächtigten Held in den Sten. Ber. 1872 S. 605, 630.

[11]) Sten. Ber. 1872 S. 601, 614.

[12]) S. a. a. O. S. 605, 630.

[13]) S. a. a. O. S. 610, 628.

Die sächsische Erklärung gipfelte in dem Satze:

> „Das Reichsinteresse wird jederzeit auch das Interesse des einzelnen Gliedes des Reiches sein, und wenn daher auf weiteren Gebieten des Reiches das Bedürfniß nach Herstellung eines gemeinschaftlichen Civilgesetzbuches hervortreten sollte, dann glaube ich in Aussicht stellen zu dürfen, daß die sächsische Regierung diesem Bedürfniß ein Hinderniß nicht in den Weg legen wird."

Der Bevollmächtigte Württembergs erkannte offen die Unmöglichkeit an, auf dem Wege der Partikulargesetzgebung zu großen Neuschöpfungen auf dem Gebiete des bürgerlichen Rechtes zu gelangen; er sprach sich für Kodifikation und gegen Specialgesetze — vorbehaltlich einzelner Ausnahmen — aus, hielt aber den konkreten Antrag für nicht genügend klar und vorbereitet: „Bezüglich des Wesens der Sache, des Zieles, ihres Zweckes — so schloß er — befindet sich die Württembergische Regierung in einem prinzipiellen Gegensatze zu der Meinung des Reichstages nicht, und es ist unser aufrichtiger Wunsch, daß es uns gelingen möge, zu einer Verständigung mit den verbündeten Regierungen und dem Reichstage in dieser wichtigen Frage zu gelangen."

Die günstigen Hoffnungen, welche diese Erklärungen seitens der drei größten außerpreußischen Bundesstaaten, trotz aller an ihnen versuchten Deutungen, erweckt hatten, wurden dadurch bestärkt, daß am 30. Januar 1873 die württembergische Kammer der Abgeordneten einen ähnlichen Beschluß faßte, wie die entsprechende sächsische Körperschaft (s. oben S. 42).[14])

In der That brachte dann auch die nächste Session des Reichstages den entscheidenden Wendepunkt. In der Sitzung vom 2. April 1873 erklärte Minister Delbrück:[15])

> „Meine Herren, der im vergangenen Jahre von Ihnen angenommene Antrag des Herrn Vorredners[16]) und seiner Genossen, welcher heute Ihnen wiederum zur Berathung vorliegt, ist im Bundesrathe wiederholt zum Gegenstande der Verhandlung geworden. Die bei diesen Verhandlungen hervorgetretenen Schwierigkeiten hatten im Laufe des Jahres einen Abschluß der Sache nicht gestattet. Gegenwärtig sind sie indessen so weit überwunden, daß die begründete Aussicht

---

[14]) Nach Kassow bei Gruchot, Beitr. S. 174.

[15]) Sten. Ber. 1873 S. 169.

[16]) D. i. des Abg. Lasker.

vorhanden ist, es werde die in einer so wichtigen Frage gewiß wünschenswerthe Einstimmigkeit, oder doch die verfassungsmäßige Stimmenmehrheit für die in Rede stehende Aenderung der Verfassung in naher Zeit erzielt werden.

Die verbündeten Regierungen beabsichtigen in diesem Falle, gleichzeitig mit der Verkündigung der Verfassungsänderung eine Kommission zu berufen zur Ausarbeitung des Entwurfes eines Allgemeinen bürgerlichen Gesetzbuches, indem sie davon ausgehen, daß die Einheit des bürgerlichen Rechtes in Deutschland der wesentlichste Zweck und das wesentlichste Ziel des vorliegenden Antrages ist."

Als nach dieser Erklärung der Antrag abermals angenommen worden war, fanden in Bayern am 8. November 1873 in der Kammer der Abgeordneten, am 4. Dezember 1873 in der Kammer der Reichsräthe wiederum parlamentarische Erörterungen der Frage statt, welche mit Beschlüssen zu Gunsten eines einheitlichen Civilgesetzbuches endeten.[17]) Am 20. Dezember 1873 erging das lang ersehnte Reichsgesetz (s. § 17).

Es erschien nicht überflüssig, bei den Verhandlungen über die Schaffung der Grundlage für den Entwurf eines Allgemeinen deutschen bürgerlichen Gesetzbuches so lange zu verweilen. Die Geschichte des Gesetzes vom 20. Dezember 1873 beweist, wie schwer es hielt, in Zeiten hocherregten Vaterlandsgefühles, unter den Eindrücken der Freude über das wiedererstandene Deutsche Reich sich auch nur über die grundsätzliche Frage der Nothwendigkeit oder Räthlichkeit eines gemeinsamen deutschen Civilgesetzbuches zu einigen. Es wird geboten sein, sich dieser Vorgänge zu erinnern, wenn man an die Arbeit einer Kritik des Entwurfes herantritt.

VI.

Das Gesetz vom 20. Dezember 1873 und die sogenannte Vorkommission.[1])

§ 17.

In der am 24. Dezember 1873 ausgegebenen Nr. 34 des Reichs-

---

[17]) S. Rassow a. a. O. S. 174. — Vgl. ebendaselbst S. 172 f. die treffenden Ausführungen des bayerischen Justizministers von Faeustle über die Unmöglichkeit einer Beschränkung der Civilgesetzgebung auf das Obligationenrecht.

[1]) Quellen der nachfolgenden Darstellung: Die Ausarbeitung des Entwurfes

Gesetzblattes von 1873 (S. 379) wurde endlich das so lange erstrebte Gesetz in folgender Fassung veröffentlicht[2]):

Gesetz, betreffend die Abänderung der Nr. 13 des Artikels 4 der Verfassung des Deutschen Reiches. Vom 20. Dezember 1873.

Wir Wilhelm, von Gottes Gnaden Deutscher Kaiser, König von Preußen ꝛc.

verordnen im Namen des Deutschen Reiches, nach erfolgter Zustimmung des Bundesraths und des Reichstages, was folgt:

Einziger Paragraph.

An die Stelle der Nr. 13 des Artikels 4 der Verfassung des Deutschen Reiches tritt die nachfolgende Bestimmung:

Die gemeinsame Gesetzgebung über das gesammte bürgerliche Recht, das Strafrecht und das gerichtliche Verfahren.

Urkundlich unter Unserer Höchsteigenhändigen Unterschrift und beigedrucktem Kaiserlichen Insiegel.

Gegeben Berlin, den 20. Dezember 1873.

(L. S.) Wilhelm.

Fürst v. Bismarck.

Der Bundesrath zögerte nicht, gemäß dem von seinem Vertreter Delbrück im Reichstage abgegebenen Versprechen (vgl. S. 43 f.) aus dieser dem deutschen Volke bescheerten Weihnachtsgabe seinerseits die Konsequenzen zu ziehen, welche die Umwandlung der bloßen Zusage, des Versprechens mit unbestimmter Erfüllungszeit, in die That bezweckten. Bei Annahme des erwähnten Gesetzes, am 12. Dezember 1873, ertheilte die Versammlung ihrem Ausschusse für Justizwesen den Auftrag, über die Einsetzung einer Kommission zur Aufstellung

---

eines bürgerlichen Gesetzbuches. Herausgegeben von der Redaktion des Deutschen Reichs- und Königlich Preußischen Staats-Anzeigers (Separat-Abdruck Nr. 5 aus dem Deutschen Reichs-Anzeiger 1877). Berlin 1877 S. 1—11; Rassow in Gruchots Beiträgen zur Erläuterung des Deutschen Rechtes Bd. 21 S. 174—215; Centralblatt für Rechtswissenschaft Bd. 7 S. 210, 211; Alexander-Katz, erläuternde Anmerkungen zu den Vorschriften des Entwurfes eines bürgerlichen Gesetzbuches für das Deutsche Reich. Berlin 1888. S. 1—4.

[2]) Die Wirksamkeit dieses Gesetzes ist auf Elsaß-Lothringen, in welchem zur Zeit seines Erlasses die Reichsverfassung noch nicht in Kraft stand ausgedehnt, durch Nr. 6 des Ges. v. 8. Febr. 1875 (R.-G.-Bl. S. 69).

des Entwurfes eines Allgemeinen deutschen bürgerlichen Gesetzbuches und über die sonst zur Aufstellung des Entwurfes eines deutschen bürgerlichen Gesetzbuches zu treffenden Einleitungen baldthunlichst Vorschläge zu machen.

Der Ausschuß beantragte unter dem 8. Februar 1874:

der Bundesrath wolle beschließen, fünf angesehene deutsche Juristen zu berufen, mit der Aufgabe über Plan und Methode, nach welchen bei Aufstellung des Entwurfes eines deutschen bürgerlichen Gesetzbuches zu verfahren sei, gutachtliche Vorschläge zu machen.

Der Bundesrath beschloß am 28. Februar 1874 gemäß diesem Antrage und erwählte zugleich zu Mitgliedern dieser später sogenannten „Vorkommission“:

1. den Reichsoberhandelsgerichtsrath (jetzigen Geheimen Justizrath und Professor der Rechte in Berlin) Goldschmidt;
2. den damaligen württembergischen Obertribunalsdirektor (späteren Senatspräsidenten bei dem Oberlandesgerichte) von Kübel in Stuttgart;
3. den damaligen Präsidenten des preußischen Appellationsgerichtes in Paderborn (später des Kammergerichtes in Berlin) Meyer;
4. den Präsidenten des bayerischen Oberappelationsgerichtes in München von Neumayr;
5. den Präsidenten des sächsischen Oberappellationsgerichtes (später des Oberlandesgerichtes) in Dresden von Weber.

An Stelle des Präsidenten Meyer, welcher bei Beginn der Berathungen erkrankte, trat in Folge Bundesrathsbeschlusses vom 19. Mai 1874 der Präsident des preußischen Appellationsgerichtes in Halberstadt (jetzige Staatssekretär des Reichs-Justizamtes) von Schelling.

Die Kommission trat am 18. März 1874 unter dem Vorsitze von Schellings zusammen und hielt im ganzen 14 Sitzungen. Das Ergebniß der Berathungen ist in einem dem Bundesrathe unter dem 15. April 1874 erstatteten Gutachten, welchem „Vorschläge“ beigegeben sind, niedergelegt.[3]) Da die später (S. 58) zu erwähnende Beschlußfassung des Bundesrathes dies Gutachten im wesentlichen gebilligt hat, ja auf dasselbe ausdrücklich Bezug nimmt, so ist sein Inhalt für das Verständniß der Kommissionsarbeiten von größter Bedeutung. Er soll im Folgenden in der Art mitgetheilt werden, daß

---

[3]) Wörtlich abgedruckt in Gruchots Beiträgen zur Erläuterung des deutschen Rechts Bd. 21 S. 175—195.

die einzelnen „Vorschläge“ der Kommission wörtlich (mit gesperrter Schrift) abgedruckt werden und im Anschlusse hieran über die zur Begründung derselben dienenden Ausführungen des Gutachtens berichtet wird:

> I. Zur Ausarbeitung des Entwurfes eines deutschen bürgerlichen Gesetzbuches in einer zur Vorlage an den Bundesrath und demnächstigen legislativen Behandlung geeigneten Gestalt wird von dem Bundesrath eine Kommission eingesetzt.

Damit war die grundlegende Frage, ob dem kollegialischen oder dem bureaukratischen Prinzipe bei Ausarbeitung des Entwurfes der Vorzug zu geben sei, im ersteren Sinne entschieden. Schon Thibaut (s. oben S. 12) hatte Kollegialberathung gefordert, Savigny (s. oben S. 15) sie für unmöglich erklärt. Die Vorkommission rechtfertigt ihren Vorschlag mit der Unerläßlichkeit „einer richtigen Verbindung von selbstständiger Einzelarbeit und zusammenfassender Gemeinarbeit“. Es sei weder thunlich, die definitive, ja auch nur die erste Ausarbeitung des Gesammtentwurfes in die Hand eines einzigen Rechtsgelehrten mit bloßen Hülfsarbeitern zu legen, noch empfehle sich die Vertheilung der Arbeit an mehrere einzelne, unabhängig von einander vorgehende Redaktoren.

> „Bietet der erste Weg den allerdings sehr erheblichen Vortheil einheitlicher Denk- und Sprachweise, so würde es doch, sogar unter der kaum zutreffenden Voraussetzung, daß ein einziger Rechtsgelehrter den gesammten Rechtsstoff in allen Theilen gleichmäßig beherrsche, mehr als gewagt erscheinen, auf Fähigkeit, Leben und Arbeitskraft dieses Einzelnen die große nationale Aufgabe zu stellen; es ließe die Zeit der Durchführung sich nicht übersehen und es müßte unter allen Umständen der vollendete Entwurf einer kommissionellen Prüfung durch Vertreter der verschiedenen großen Rechtsgebiete unterzogen werden.“

> „Der Vertheilung der Arbeit an mehrere einzelne Redaktoren aber steht entgegen, daß es hier an jeder Gewähr einheitlicher Auffassung und Formgebung mangelt, daß die Aufstellung gewisser unentbehrlicher leitender Gesichtspunkte, wie die Ausgleichung kaum vermeidlicher Differenzen von außen her zu erfolgen hätte, endlich daß auch hier ein Abschluß ohne vorgängige Kommissionsberathung unthunlich wäre.“

Die Vorkommission gelangte daher zu den unten (S. 52 f.) unter VII mitgetheilten, in den Grundzügen demnächst befolgten Einzelvorschlägen.

Ob dieser Weg der zweckmäßigere war,[4]) darüber zu urtheilen ist nicht der Zweck dieses Beitrages. Jedenfalls ist die große zeitliche Ausdehnung der Ausarbeitung des Entwurfes wesentlich auf die kollegialische Berathungsweise zurückzuführen. Sollte aber die Kritik des Entwurfes, der diese Beiträge gewidmet sind, ergeben, daß diesem Nachtheil größere Durcharbeitung des Stoffes, vielseitigere Prüfung und Beleuchtung aller einschlägigen Fragen gegenüberstehen, so würden wir kein Bedenken tragen, jenen Nachtheil im Vergleich mit diesen Vorzügen für ein geringeres Uebel zu halten; ob Deutschland sein einheitliches bürgerliches Recht ein Jahrzehnt früher oder später erhält, ist nicht so wichtig, als daß es ihm in der höchsten Vollendung, deren unser Juristenstand fähig ist, dargeboten wird.

II. Der Entwurf soll, unter Berücksichtigung der geltenden Gesetzbücher und der von den Einzelstaaten sowie im Auftrage des ehemaligen Deutschen Bundes über einzelne Rechtstheile ausgearbeiteten Gesetzentwürfe, das den Gesammtzuständen des Deutschen Reiches entsprechende bürgerliche Recht in einer den Anforderungen der heutigen Wissenschaft gemäßen Form kodifizirend zusammenfassen.

Die hiermit gestellte Aufgabe bezeichnet das Gutachten selbst als eine dreifache:

„Es ist der Gesammtbestand der innerhalb des Deutschen Reiches geltenden Privatrechtsnormen mit Rücksicht auf deren Zweckmäßigkeit, innere Wahrheit und folgerichtige Durchführung zu untersuchen. — Es ist sorgsam zu prüfen, wie weit die von der gemeinsamen Grundlage des sogenannten gemeinen Rechtes (gemeinen Civilrechtes und deutschen Privatrechtes) abweichenden Bestimmungen der neueren großen Civilgesetzgebungen, der Landesgesetze und der etwaigen Reichsgesetze beizubehalten seien, oder ob und welche Ausgleichung zu versuchen sei. — Es ist endlich auf richtige Formgebung und Anordnung die höchstmögliche Sorgfalt zu verwenden."

In eingehender Kritik wird ausgeführt, warum die geltenden Gesetzbücher und die bisher ausgearbeiteten Entwürfe (s. oben §§ 2,

---

[4]) Besonders lebhaft hat denselben bekämpft Rassow in Gruchots Beiträgen zur Erläuterung des deutschen Rechtes Bd. 21 S. 226 ff. (1877) und Bd. 30 S. 121 ff. (1886).

4, 10, 12 bis 14) als Grundlage der Arbeit ungeeignet, immerhin aber zu benutzen seien.

Das Gutachten sucht ferner für die — in den Vorschlägen, mit einer Ausnahme (s. Nr. III), nicht zum Ausdruck gekommene — Abgrenzung des Umfanges des Werkes die leitenden Gesichtspunkte zu gewinnen. Ueber die Ausscheidung des Handelsrechtes wird zu III noch zu reden sein. Außer diesem aber sollten nach der Absicht der Vorkommission noch ausgeschlossen bleiben:

a) das Bergrecht; dasselbe eigne sich aus ähnlichen Gründen wie das Handelsrecht (s. unten S. 50) zur Aufnahme in das bürgerliche Gesetzbuch nicht, obwohl dessen einheitliche Regelung für das gesammte Reich zweckmäßig erscheine;

b) „die im Absterben begriffenen Institute überwiegend germanischen Ursprunges, welche als trümmerhafte Reste mittelalterlichen Wirthschafts- und Verwaltungssystemes in die Gegenwart hineinragen"; als solche werden genannt: das Lehnrecht, das Recht der ablösbaren Reallasten, wohl auch das Erbzins- und das Erbpachtrecht, die Emphyteusis, das Näherrecht, das Recht der Stammgüter und der bestehenden Familien-Fideikommisse;[5])

c) das bäuerliche Güterrecht, soweit solches die Geschlossenheit der Höfe, deren Erhaltung durch eigenthümliche Erb- und Theilungsnormen, das Altentheil u. dgl., angehe.[6])

d) Bezüglich einer Anzahl von Instituten, „welche im Einzelnen nur nach dem Bedürfniß und den geschichtlich gegebenen Verhältnissen größerer oder kleinerer Distrikte geregelt werden können, und deren theilweise polizeilicher Inhalt ein weiteres Hinderniß der Kodifizirung bildet" (genannt werden: das Forstrecht, das Wasserrecht im weitesten Umfange — auch Mühl-, Flötz- und Flößereirecht — das Fischereirecht, das Jagdrecht, das Deich- und Sielrecht, das Bau- und Nachbarrecht, das Recht der Zusammenlegung von Grundstücken, das Enteignungsrecht, das Gesinderecht), werde sorgfältig zu erwägen sein, ob nicht die privatrechtlichen Grundprinzipien dieser Institute sich zur gemeinschaftlichen Regelung im Gesetzbuche eignen.

Bestimmte Vorschläge hat die Kommission in diesen Richtungen nicht machen wollen, um der Entscheidung der demnächstigen Hauptkommission nicht vorzugreifen.

---

[5]) „Anlangend das Recht künftig zu errichtender Familienfideikommisse, mag es statthaft sein, der Landesgesetzgebung Raum zu lassen."

[6]) Dabei ist auf eine mögliche Einigung „der hierbei allein betheiligten (?) norddeutschen Einzelstaaten" über gemeinschaftliche Regelung hingedeutet.

Im übrigen erklärt sich die Kommission mit Entschiedenheit gegen den Ausschluß anderer als der vorgenannten Gegenstände aus dem Gesetzbuche. Insbesondere seien aufzunehmen das gesammte Familienrecht, einschließlich des Eheschließungs- und des Ehescheidungsrechtes, das Vormundschaftsrecht, das Erbrecht, das eheliche Güterrecht, das Immobiliarsachenrecht, das Recht der juristischen Personen, vornehmlich der Korporationen und Genossenschaften.[7])

Dem freien Ermessen der demnächstigen Kommission hinsichtlich des Systemes will das Gutachten keine Schranken ziehen.

Weiter finden sich hinsichtlich der Anforderungen an das Werk in den „Vorschlägen" keinerlei Direktiven, nur in dem Gutachten wird bemerkt:

> „Eine kasuistische Entwickelung und die Aufnahme lediglich reglementärer, zur richterlichen Instruktion dienender Vorschriften erscheint unangemessen, nur werden, wie dies bereits im Code Napoléon, in dem Sächsischen Gesetzbuche und den neuesten Entwürfen geschehen ist, neben den leitenden Prinzipien auch die wichtigsten Folgesätze und die Ausnahmen zu regeln sein."

> III. **Das Handelsrecht soll nicht in den Entwurf eines bürgerlichen Gesetzbuches aufgenommen werden, sondern Gegenstand besonderer Kodifikation sein.**

Für die fortdauernde Selbständigkeit des Handelsrechtes gegenüber dem übrigen Civilrechte beruft sich das Gutachten nicht nur auf den Vorgang nahezu aller auswärtigen Gesetzgebungen, sondern auch auf „gewichtige innere Gründe" — einerseits auf das Vorkommen gewisser, dem Handel durchaus eigenthümlicher Institute, andererseits auf die eigenthümliche Ausbildung und Schärfe gewisser Prinzipien des

---

[7]) Die Vorkommission war freilich hinsichtlich der Durchführung dieses ihres Gedankens viel zaghafter, als es nachher der Bundesrath (vgl. S. 56 Anm. 12) und auch die Kommission selbst gewesen ist. Das Gutachten spricht von „Schonung hinsichtlich der bestehenden Grundbucheinrichtungen" durch Vorbehalte zu Gunsten zu Landesrechtes. Das eheliche Güterrecht werde sich nicht einheitlich, sondern nur in seinen zwei oder drei Grundsystemen gestalten lassen, „derartig, daß in den verschiedenen Theilen Deutschlands je das eine dieser Systeme nach Bestimmung der Landesgesetze zur gesetzlichen Geltung gelangt". Dabei möge es auch statthaft erscheinen, „daß ein Einzelstaat oder der Theil eines solchen sein bisheriges eigenthümliches eheliches Güterrecht unverändert als Landesrecht beibehalte, sofern er nur durch dessen Kodifizirung für ausreichende Rechtssicherheit sorgt".

Verkehrsrechtes im Handelsrechte, deren einfache Uebertragung auf den gesammten Verkehr erheblichen Bedenken unterliege, endlich auf die Störung in der Kontinuität der an das deutsche Handelsgesetzbuch sich anlehnenden Rechtsübung und Wissenschaft, welche eintreten würde, wenn man das Handelsrecht dem bürgerlichen Gesetzbuche einverleiben wollte. Dagegen sollen nach der Anschauung der Vorkommission aus dem Handelsgesetzbuche diejenigen Sätze ausgeschieden werden, welche der allgemeinen Anwendung auf den gesammten Verkehr fähig und daher zur Aufnahme in das bürgerliche Gesetzbuch geeignet erscheinen; es werde sich ferner erst nach Feststellung des bürgerlichen Gesetzbuches bestimmen lassen, welche eigentlichen Ausnahmen von dessen Rechtssätzen (z. B. hinsichtlich der Zinsen, der Konventionalstrafe, der Form der Rechtsgeschäfte, des Interesses u. dgl.) für den Handelsverkehr beizubehalten oder aufzustellen seien. Doch werde eine Revision des geltenden Handelsgesetzbuches durchzuführen sein.

Künftiger Erwägung soll vorbehalten bleiben, inwieweit dabei zugleich die in das Handelsrecht einschlagenden Reichs-Spezialgesetze (z. B. Allgemeine deutsche Wechselordnung, das Gesetz über die Erwerbs- und Wirthschaftsgenossenschaften, die Seemannsordnung nebst den seerechtlichen Einzelgesetzen und das Reichs-Eisenbahnrecht) in geeigneter Umarbeitung dem neuen Handelsgesetzbuche einzuverleiben seien. Bei anderen Gesetzen (dem Urheberrecht, dem etwaigen[8]) Reichsrecht, betreffend Patente, Marken-, Muster- und Modell-Schutz, Banken und Banknoten) wird in das Ermessen der Kommission für das bürgerliche Gesetzbuch gestellt, ob dieselben in den Bereich des bürgerlichen Gesetzbuches oder des Handelsgesetzbuches kodifizirend hineinzuziehen, oder ob es insoweit bei der Reichs-Spezialgesetzgebung zu belassen sei. Letzteres wird schon von der Vorkommission in Aussicht genommen für Post- und Telegraphenrecht, sowie für die Gewerbeordnung. Das Recht der Inhaberpapiere sei im Zusammenhang des bürgerlichen Gesetzbuches festzustellen, vorbehaltlich der etwaigen späteren Zuweisung an das Handelsgesetzbuch.

In Verbindung mit der Revision des Handelsgesetzbuches sollte endlich eine Kodifikation des Verlagsrechtes, des Binnenschiffahrtsrechtes und des Versicherungsrechtes, soweit es im Handelsgesetzbuche noch nicht geregelt ist, in Angriff genommen werden.

IV. **Die Kommission für die Entwerfung eines deutschen bürgerlichen Gesetzbuches wird aus hervorragenden praktischen und theoretischen Juristen zu-**

---

[8]) Die einschlägigen Reichsgesetze waren zur Zeit der Erstattung des Gutachtens noch nicht ergangen.

4*

sammengesetzt, wobei zugleich auf Vertretung der innerhalb des Deutschen Reiches bestehenden größeren Rechtsgebiete Rücksicht genommen wird.

Sie besteht aus neun theils redigirenden, theils überwiegend kontrolirenden und kritisirenden Mitgliedern.

V. Die Kommission hat ihren Sitz in . . . . . .,[9]) woselbst die Kommissionsberathungen stattfinden und ein ständiges Sekretariat eingerichtet wird.

VI. Die Kommission stellt ihre Geschäftsordnung fest.

Sie darf in allen geeignet erscheinenden Fällen den Mitgliedern (Redaktoren) Spezialkommissare beiordnen, Gutachten einholen und Vorarbeiten für einzelne Abschnitte des Entwurfes herstellen lassen. Soweit sie zu diesen Zwecken der Mitwirkung von Personen bedarf, welche nicht Mitglieder der Kommission sind, hat sie die Zustimmung und Vermittelung des Reichskanzlers nachzusuchen.

Sie ist befugt, über Gegenstände ihres Geschäftskreises von den Centralbehörden der einzelnen Bundesstaaten Auskunft unmittelbar zu erheben.

VII. Behufs Herstellung eines **ersten** vollständigen Entwurfes ist das nachstehende Verfahren einzuhalten:

1. Die Kommission bestimmt den Umfang und das System des Gesetzbuches; sie entscheidet über die Benutzung bereits vorliegender Gesetzgebungsarbeiten als etwaiger Grundlagen für einzelne Theile des Entwurfes und verständigt sich über diejenigen Gesichtspunkte, welche für die Ausarbeitung aller oder mehrerer Hauptheile des Entwurfes maßgebend sind, vorbehaltlich einer späteren Aenderung der Ergänzung der gefaßten Beschlüsse.
2. Demnächst hat die Bearbeitung der einzelnen Haupttheile des Entwurfes durch die hierzu bestellten Redaktoren möglichst gleichzeitig zu be-

---

[9]) Die Bestimmung des Sitzes der Kommission hatte die Vorkommission dem Bundesrathe überlassen.

ginnen, unbeschadet der einstweiligen Zurückstellung einzelner Institute und der sukzessiven Bearbeitung der Unterabtheilungen.

3. Die Redaktoren der Haupttheile werden aus den Mitgliedern der Kommission bestellt, und zwar etwa je ein Redaktor:
   a) für das Obligationenrecht;
   b) für das Vormundschafts- und Familienrecht, mit Ausschluß des ehelicheu Güterrechtes;
   c) für das eheliche Güterrecht und das Erbrecht;
   d) für das Immobiliarsachenrecht und das gesammte Pfandrecht;
   e) für die übrigen Institute des Sachenrechtes einschließlich des Besitzes.

   Jeder Redaktor hat über Prinzipien, welche den von ihm zu bearbeitenden Haupttheil beherrschen, zur geeigneten Zeit die Vorentscheidung der Kommission einzuholen.

   Diese Entscheidung ist auch dann einzuholen, wenn mehrere Redaktoren über Grenzpunkte ihrer Gebiete oder über gemeinschaftliche Lehren in wichtigen Beziehungen sich nicht zu verständigen vermögen.

   Jeder Redaktor hat auf Grundlage der von ihm selbst und den etwa beigezogenen Spezialkommissionen ausgearbeiteten Theilentwürfe den Gesammtentwurf seines Haupttheiles festzustellen und mit Motiven der Kommission einzureichen.

4. Nach Vollendung jedes einzelnen Haupttheiles oder mehrerer Haupttheile erfolgt deren Berathung und vorläufige Feststellung durch die Kommission in einmaliger Lesung, wobei zugleich die Ausscheidung der dem allgemeinen Theile und der dem Einführungsgesetze vorzubehaltenden Bestimmungen in geeigneter Weise vorzubereiten ist.

5. Nach vorläufiger Feststellung sämmtlicher Haupttheile durch die Kommission entwirft ein von dieser ernannter Hauptreferent unter geeigneter Mitwirkung der Redaktoren den allgemeinen

Theil des Gesetzbuches, sowie das Einführungsgesetz und knüpft hieran die Vorschläge wegen der durch die Ausscheidung des allgemeinen Theiles etwa gebotenen Umgestaltung der einzelnen Hauptheile, desgleichen über deren Zusammenfügung unter einander und mit dem allgemeinen Theile.

6. Ueber diese Entwürfe und Vorschläge tritt die Kommission in Berathung, stellt auf Grund derselben den Entwurf als Ganzes fest und unterzieht den letzteren schließlich in redaktioneller Beziehung auf den Vortrag des Hauptreferenten der Revision.

Karakteristisch an diesem Plane ist die Stellung, welche dem allgemeinen Theile eingeräumt wird. Das Gutachten führt aus, ein solcher, „wenngleich von nur mäßigem Umfange", sei nicht zu entbehren. Es erscheine indeß gerathen, „nicht von dem Allgemeinen zum Besonderen herabzusteigen, vielmehr ausgehend von dem Besonderen das Allgemeine aus diesem allmählich auszuscheiden". „Werden damit die wichtigsten allgemeinen Lehren mit Rücksicht auf deren Gestaltung und Konsequenzen in jedem Sondertheile geprüft, so ergiebt sich schließlich, welche Rechtssätze zur Aufnahme in den allgemeinen Theil geeignet erscheinen, und welche Rechtssätze jedem Sondertheile zu verbleiben haben."[10]) Die Kommission zur Ausarbeitung des vorliegenden Entwurfes ist diesen Anschauungen allerdings nicht gefolgt.

VIII. Der so in **erster** Lesung festgestellte Entwurf wird nebst Motiven veröffentlicht und den Bundesregierungen mitgetheilt.

Das Gutachten bemerkt in dieser Beziehung:

„Eine Veröffentlichung des Gesammtentwurfes oder auch nur einzelner Theilentwürfe empfiehlt sich vor Beendigung der ersten Lesung nicht, da erst in diesem Zeitpunkte eine richtige Beurtheilung der Kommissionsarbeiten möglich erscheint. Dagegen erscheint es nothwendig, alsbald nach Herstellung eines vollständigen Entwurfes denselben der öffentlichen Kritik zu

---

[10]) Auf ähnlichem Gedankengange beruhte es, wenn von dem bayerischen Entwurfe zunächst Spezialtheile jedesmal in Verbindung mit den bezüglichen Paragraphen des allgemeinen Theiles veröffentlicht wurden. S. oben S. 27. Ebenso sollte in Hessen die Aufstellung des allgemeinen Theiles der Annahme der Entwürfe zu den Spezialtheilen nachfolgen. S. oben S. 32.

unterstellen, und, indem sogleich nach beendigter erster Lesung eines oder mehrerer Mitglieder der Kommission, womöglich der Hauptreferent, unter geeigneter Zuziehung der Redaktoren mit der kritischen Zusammenstellung und Würdigung aller erheblichen Bedenken und Abänderungsvorschläge betraut werden, ist für die zweckmäßige Vorbereitung der zweiten Lesung ausreichende Gewähr gegeben."

IX. Die von Seiten der Bundesregierungen und anderweitig erhobenen Bedenken oder Abänderungsvorschläge, für welche ein angemessener Zeitraum frei zu lassen ist, werden von einem oder mehreren sogleich nach Beendigung der ersten Lesung durch die Kommission ernannten Referenten zusammengestellt und geprüft.

Demnächst findet auf Vortrag des oder der ernannten Referenten und unter Berücksichtigung der etwa aus der Mitte der Kommission selbst hervorgehenden Abänderungs- und Ergänzungsvorschläge die **zweite** Lesung des Gesammtentwurfes mit Einschluß des Einführungsgesetzes durch die Kommission statt, woran sich dessen formelle Schlußredaktion in gleicher Weise wie bei der ersten Lesung anschließt.

Der so festgestellte Entwurf nebst Motiven wird dem Bundesrathe überreicht.

Nr. X der Vorschläge der Vorkommission bezieht sich auf das Verfahren bei der Revision des Handelsgesetzbuches. Da der Bundesrath (s. unten S. 58) sich die weitere Bestimmung über Zusammensetzung der mit Aufstellung des Entwurfes des deutschen Handelsgesetzbuches zu beauftragenden Kommission vorbehalten hat, und in dieser Hinsicht bisher noch nichts weiter veranlaßt ist, braucht auf Nr. X hier nicht eingegangen zu werden.

Der Ausschuß des Bundesrathes für Justizwesen erstattete unter dem 9. Juni 1874 über das Gutachten und die Vorschläge der Vorkommission dem Plenum einen eingehenden Bericht,[11]) in welchem hin-

---

[11]) Derselbe ist wörtlich abgedruckt in Gruchots Beiträgen zur Erläuterung des Deutschen Rechtes Bd. 21 S. 195—214. — Der Bericht nennt in der Ueberschrift als zweiten Gegenstand, den er betrifft, „die Verhandlungen über die Reform der Gesetzgebung über das Aktienwesen". Auf diesen Gegenstand beziehen sich S. 210—212 des angeführten Abdruckes.

sichtlich der grundsätzlichen Stellungnahme zu dem Gutachten der Vorkommission bemerkt wird:

> „Im Ganzen hat der Ausschuß den Ausführungen der Kommission nur beipflichten und anerkennen können, daß dieselbe ihre Aufgabe gelöst hat. Es wird daher für den Ausschuß nicht darauf ankommen, neue und abweichende Vorschläge zu machen und neben der Arbeit der Kommission eine zweite Arbeit vorzulegen. Es entspricht vielmehr der Sachlage, wenn die Ansichten der Kommission resumirt und nochmals in ihrem Zusammenhange dargelegt werden."

Demgemäß enthielt der Bericht im Allgemeinen nur eine Beleuchtung der Ausführungen der Kommission und die Erklärung der Zustimmung zu demselben; eine Wiedergabe des Berichtes ist insoweit ohne Interesse.[12]) Abweichungen in den Anschauungen des Aus-

---

Dieser Theil des Berichtes interessirt hier nicht; der Ausschuß gelangte zu dem — auch vom Bundesrathe angenommenen — Vorschlage, „die Revision der Gesetzgebung über die Aktiengesellschaften mit der Revision des Handelsgesetzbuches zu verbinden". Allein der Bundesrath hat selbst durch einen späteren Beschluß vom 13. März 1877, in Abänderung jenes früheren Beschlusses, den Reichskanzler ersucht, „den Entwurf eines Gesetzes ausarbeiten und vorlegen zu lassen, welches unabhängig von der Revision des Handelsgesetzbuches und unbeschadet der mit dieser demnächst zu verbindenden generellen Revision des gesammten Handelsgesellschaftsrechtes den Ausschreitungen bei der Gründung, der Verwaltung und dem geschäftlichen Betriebe der Aktienunternehmungen entgegenzuwirken geeignet sei". Das Ergebniß der bezüglichen Arbeiten ist das geltende Gesetz, betreffend die Kommanditgesellschaften auf Aktien und die Aktiengesellschaften, vom 18. Juli 1884 (R.-G.-Bl. S. 123).

[12]) Beachtenswerth ist die Entschiedenheit, mit welcher auf thunlichste Ausdehnung der Kodifikationsarbeit hingewiesen wird. „Wollte man diejenigen Institute ausnehmen, für welche eine Ueberweisung an das Landesrecht gewünscht werden könnte, so würde man nach und nach Eherecht, Vormundschaftsrecht, Familienrecht, Hypothekenrecht und endlich sämmtliche dinglichen Rechte auszusondern in der Lage sein, so daß schließlich nichts übrig bliebe, als das Obligationenrecht, womit dann die Absicht des Gesetzes vom 20. Dezember 1873 wieder vereitelt wäre." „Soll durch ganz Deutschland ein jus connubii und jus commercii gelten, soll innerhalb Deutschlands die Lehre von der räumlichen Beschränkung der Geltung des Rechtes wirklich abgethan werden, so wird man nicht von vornherein Ausnahmen zulassen dürfen." „Ob Vorbehalte für das Landesrecht, z. B. bei Grundbuchseinrichtungen, zu machen sind, die mehr als die partikulare Ordnung bloß reglementärer Dinge zulassen, wird demnächst die mit dem Werke selbst betraute Kommission ermessen. Hier läßt sich nicht mehr sagen, als daß theils das Verhältniß

schusses von denen der Vorkommission treten in folgenden Beziehungen zu Tage:

1. Bezüglich der „einzelnen im Absterben begriffenen Institute des deutschen Rechtes" (s. oben S. 49) bemerkt der Ausschußbericht, die Aufmerksamkeit der Kommission werde sich auch auf diese Institute richten müssen.

> „Es wird zu erwägen sein, inwieweit sie durch das neue Gesetzbuch, wenn dasselbe sie ganz übergeht, als abgeschafft betrachtet werden müßten, und inwieweit es sich empfehlen kann, ihnen entweder noch eine Einwirkung ausdrücklich zu gestatten oder dieselbe auszuschließen oder einzuschränken."

Eine förmliche Kodifizirung würde dabei allerdings nicht in Frage kommen, sondern nur die Anerkennung gewisser Institute. Eine Beschränkung der künftigen Kommission in dieser Hinsicht möchte nicht gerathen sein.

2. Gegenüber den genaueren Vorschlägen der Vorkommission über Abfassung eines allgemeinen Theiles (s. S. 53 f.) bemerkt der Ausschußbericht:

> „Es ist nicht anzurathen, der Kommission bezüglich des allgemeinen Theiles bestimmte Vorschriften zu machen, und insonderheit das Entnehmen allgemeiner Rechtssätze aus dem Besonderen als Ziel anzudeuten ... Die Abstraktion der allgemeineren Begriffe und Rechtswahrheiten aus dem Besonderen ist nicht Sache des Gesetzgebers, sondern der Theorie, und mit Recht hat Ihering bemerkt, daß die Präzipitirung der Rechtssätze zu Rechtsbegriffen die wissenschaftliche Auffassung und Behandlung eines Rechtes von der Darstellung desselben in einem Gesetzbuche scheide, daß der Gesetzgeber sich darauf beschränken könne, seine Anforderungen in ihrer ursprünglichen, unmittelbaren, praktischen Form aufzustellen. — Es wird sich hier empfehlen, der künftigen Kommission in dieser Beziehung freie Hand zu lassen und zu erwarten, ob und eine wie umfangreiche Einleitung oder Sammlung allgemeiner Rechtssätze sie für nöthig hält."

---

zwischen Reichsrecht und Landesrecht wohl zu beachten, theils aber die Verweisung auf das Landesrecht niemals ein Ausweg wird sein dürfen, auf welchem man suchen könnte, über Schwierigkeiten hinwegzukommen." — Bei der Beurtheilung der Art und Weise, wie die Kommission den technischen Theil ihrer Aufgabe gelöst hat, werden ferner die Ausführungen des Ausschußberichtes zu IV (bei Gruchot a. a. O. S. 205—209) Berücksichtigung verdienen.

3. Eine dritte Abweichung der Ausschußvorschläge von denen der Vorkommission, die Erhöhung der Zahl der mit der Arbeit zu betrauenden Rechtsgelehrten von 9 auf 11, ist nicht besonders begründet worden.

Der Ausschuß beantragte:

Der Bundesrath wolle beschließen:

1. Die in dem Gutachten der in den Sitzungen vom 28. Februar und 19. März 1874 gewählten Kommission über Plan und Methode, welche bei der Aufstellung des Entwurfes eines deutschen bürgerlichen Gesetzbuches zu befolgen sind, enthaltenen Ansichten und Vorschläge werden im Allgemeinen gebilligt;
2. die zur Entwerfung des Gesetzbuches zu berufende Kommission hat aus elf Mitgliedern zu bestehen, welche vom Bundesrathe mit Stimmenmehrheit gewählt werden. Aus der Zahl derselben wird der Vorsitzende vom Reichskanzler ernannt;
3. die Kommission hat ihren Sitz in Berlin, wo die mit der Redaktion beauftragten Mitglieder während der Arbeit ihren ständigen Aufenthalt nehmen;
4. die Kommission regelt ihren Geschäftsgang und bleibt ihr überlassen, die in der Anlage des Gutachtens vom 15. April enthaltenen Vorschläge als Anhaltspunkte zu benutzen;
5. die weitere Bestimmung über Zusammensetzung der mit Aufstellung des Entwurfes des deutschen Handelsgesetzbuches zu beauftragenden Kommission bleibt vorbehalten.[13])

Der Bundesrath beschloß am 22. Juni 1874 gemäß den Ausschußanträgen und beauftragte den Justizausschuß, wegen der zu ernennenden Mitglieder Vorschläge zu machen.

Damit schließt die Vorbereitung des Werkes ab und es beginnt die Arbeit an diesem selbst. Wenn auch die mit der letzteren betraute Kommission Bedenken getragen hat, prinzipiell die Vorschläge der Vorkommission in Folge der Beschlüsse des Bundesrathes als bindend anzusehen, so sind jene Vorschläge doch für den formellen Gang der Berathungen in dem Maße bestimmend gewesen, daß letztere ohne Kenntniß der in diesem Paragraphen dargestellten Vorgeschichte kaum verstanden werden kann.

---

[13]) Nr. 5 bezieht sich auf die oben nicht mitgetheilte Nr. X der Vorschläge der Vorkommission; vgl. S. 55. — Ueber Nr. 6 des Ausschußantrages s. Anmerkung 11 S. 55.

VII.

Die Arbeiten der Kommission zur Ausarbeitung des Entwurfes eines bürgerlichen Gesetzbuches für das Deutsche Reich.[1])

1. Die Personen.

§ 18.

Auf Vorschlag des Ausschusses für Justizwesen erwählte der Bundesrath in seiner Sitzung vom 2. Juli 1874 folgende Juristen zu Mitgliedern der Kommission zur Ausarbeitung des Entwurfes eines bürgerlichen Gesetzbuches für das Deutsche Reich:

1. den damaligen Präsidenten des Reichsoberhandelsgerichtes Wirklichen Geheimen Rath Dr. Pape;
2. den Kaiserlichen Appellationsgerichtsrath in Colmar (jetzigen Reichsgerichtsrath) Derscheid;
3. den Großherzoglich badischen Ministerialrath Dr. Gebhard;
4. den Königlich preußischen Obertribunalsrath (jetzigen Geheimen Oberjustizrath und Kammergerichtsrath) Johow;
5. den Königlich württembergischen Obertribunalsdirektor (späteren Senatspräsidenten bei dem Oberlandesgerichte) Dr. von Kübel;
6. den Königlich preußischen Geheimen Justizrath (jetzigen Geheimen Oberjustizrath) und vortragenden Rath im Justizministerium (jetzigen Dr.) Kurlbaum II.;
7. den Königlich preußischen Appellationsgerichtsrath in Celle (jetzigen Geheimen Justizrath) Dr. Planck;
8. den Königlich bayerischen ordentlichen Professor der Rechte in München Dr. von Roth;

---

[1]) Quellen für die nachfolgende Darstellung: Die Ausarbeitung des Entwurfes 2c. (Separatabdruck Nr. 5 aus dem Reichsanzeiger von 1877, s. oben S. 44 Anm. 1) S. 10 ff.; Rassow in Gruchots Beitr., Bd. 21 S. 215 bis. 224; Amtliche Ausgabe des Entwurfes S. I—VII; von Kirchenheims Centralbl. f. Rechtswissenschaft Bd. 7 S. 212—214; Alexander-Katz, erläuternde Anmerkungen zu den Vorschriften des Entwurfes eines bürgerlichen Gesetzbuches für das Deutsche Reich S. 5—19. Außerdem sind im Reichsanzeiger einzelne kurze Notizen über den Gang der Berathungen veröffentlicht worden; vgl. — außer einem im Oktober 1877 veröffentlichten, dem Verfasser nur in einer Abschrift zugänglichen Berichte — Nr. 297 v. 17. Dez. 1877; Nr. 262 v. 6. Nov. 1878; Nr. 294 v. 15. Dez. 1879; Nr. 14 v. 19. Januar 1881; Nr. 162 v. 13. Juli 1883; Nr. 209 v. 7. Sept. 1885.

9. den Königlich bayerischen Ministerialrath (jetzigen Oberlandesgerichtspräsidenten) Dr. von Schmitt;
10. den Königlich sächsischen Appellationsgerichtspräsidenten (späteren Oberlandesgerichtspräsidenten) von Weber;
11. den Großherzoglich badischen (späteren Königlich sächsischen) Geheimrath und ordentlichen Professor der Rechte in Heidelberg (später in Leipzig) Dr. von Windscheid.

Zum Vorsitzenden der Kommission ernannte der Reichskanzler den Präsidenten Dr. Pape.

So waren in der Kommission die sämmtlichen großen deutschen Rechtsgebiete vertreten: das gemeine Recht durch zwei akademische Lehrer, und zwar einen hervorragenden Romanisten (von Windscheid) und einen ausgezeichneten Germanisten (von Roth) und durch drei Praktiker, deren einer (von Schmitt) Bayern, einer (von Kübel) Württemberg und einer (Planck) den gemeinrechtlichen preußischen Landestheilen angehörten. Dem Gebiete des preußischen Landrechtes gehörten drei Mitglieder (Pape, Kurlbaum, Johow), dem Gebiete des französischen Rechtes zwei an, von denen der eine (Derscheid) den Code Napoléon, der andere (Gebhard) das Badische Landrecht vertrat. Als Repräsentant des sächsischen Civilgesetzbuches war von Weber berufen.

Die Kommission verlor am 5. Januar 1884 durch den Tod ein Mitglied, Dr. von Kübel; an seine Stelle ist zufolge Beschlusses des Bundesraths vom 13. März 1884 seit dem 26. März 1884 der Königlich württembergische ordentliche Professor der Rechte Dr. von Mandry getreten.

Schon vorher, im Oktober 1883, war der Professor Dr. von Windscheid, dem persönliche und dienstliche Verhältnisse eine längere Abwesenheit von Leipzig nicht gestatteten, ausgeschieden, ohne daß für ihn ein Ersatz stattfand. Da das bald darauf neu berufene württembergische Mitglied von Mandry dem akademischen Lehrberufe angehörte, wurde die Vertretung der theoretischen Jurisprudenz in der Kommission durch von Windscheids Austritt nicht vermindert.

Nach dem Abschlusse des Hauptentwurfes ist am 8. Februar 1888 von Weber verstorben. An seiner Stelle ist durch Bundesrathsbeschluß vom 28. März 1888 der vortragende Rath im Königlich sächsischen Ministerium der Justiz, Geheimer Justizrath Dr. Rüger für die noch ausstehenden Arbeiten der Kommission (vgl. unten § 23) zum Mitgliede derselben erwählt worden.

Der Kommission war von deren Zusammentritte an als Schriftführer der Königlich preußische Kreisgerichtsrath in Berlin (jetzige Oberlandesgerichtsrath in Hamm) Neubauer beigegeben.

Alsbald machte sich das Bedürfniß nach Hülfsarbeitern für die

Redaktoren geltend (vgl. unten S. 67 Nr. 7). Als solcher wurde zunächst a) Neubauer verwendet; außerdem wurden zu diesem Dienste einberufen:

1. im Oktober 1874:
   b) der Königlich preußische Stadtgerichtsrath in Berlin (jetzige Oberlandesgerichtsrath in Celle) Achilles;
   c) der Königlich preußische Obergerichtsrath in Celle Braun, an dessen Stelle nach seiner Ernennung zum Oberkonsistorialrath im Juli 1877 der damalige Obergerichtsassessor (jetzige Oberlandesgerichtsrath in Kiel) Struckmann trat;
   d) der Königlich sächsische Gerichtsrath (jetzige Landgerichtsdirektor) in Leipzig Boerner;
2. im November 1874:
   e) der Großherzoglich hessische Stadtgerichtsassessor (spätere Geheime Justizrath) Vogel, welcher bis zu seinem am 28. Dez. 1883 erfolgten Tode als Hülfsarbeiter fungirte;
3. im Februar 1875:
   f) der Großherzoglich mecklenburgische Kanzleirath Dr. Martini, an dessen Stelle nach seinem im Oktober 1877 erfolgten Ausscheiden der Herzoglich braunschweigische Kreisrichter (jetzige Oberlandesgerichtsrath) von Liebe trat;
4. im Dezember 1879:
   g) der Königlich württembergische Landgerichtsrath in Stuttgart Ege.

Von diesen Hülfsarbeitern gehörten an: dem Gebiete des gemeinen Rechtes: Braun und Struckmann, Vogel, Martini und v. Liebe, Ege[1]), dem Gebiete des Preußischen Landrechtes Neubauer und Achilles, dem des Sächsischen bürgerlichen Gesetzbuches Boerner.

2. Der Arbeitsplan.

§ 19.

Am 17. September 1874 trat die Kommission unter Papes Vorsitze zum ersten Male zusammen. An diese erste Berathung schlossen sich sieben weitere Sitzungen, welche der Feststellung des Arbeitsplanes gewidmet waren. Das Ergebniß dieser Verhandlungen ist im Folgenden durch wörtliche Wiedergabe des in dem Separatabdruck Nr. 5 aus

---

[1]) Durch die Einberufung von Vogels, Martinis und von Liebes waren beabsichtigtermaßen auch in der Kommission nicht vertretene Bundesstaaten berücksichtigt worden.

dem Reichsanzeiger von 1877 (s. S. 44 Anm. 1) enthaltenen offiziösen Berichtes (a. a. O. S. 11—18) dargestellt:

I. Nachdem die Kommission zunächst eine Geschäftsordnung für das erste Stadium ihrer Thätigkeit festgestellt hatte[1]), einigte sie sich dahin:

es sei ohne prinzipielle Beschlußfassung darüber, inwieweit die Vorschläge der Vorkommission zufolge der Beschlüsse des Bundesrathes für bindende zu gelten haben, an den Grundprinzipien der Vorkommission in dem Sinne festzuhalten,

daß kein vorhandenes Gesetzbuch und kein vorhandener Entwurf die Grundlage der Berathungen bilden, daß vielmehr aus dem Schoße der Kommission selbst ein den Berathungen zu Grunde zu legender Vorentwurf hervorgehen und dieser Vorentwurf durch verschiedene mit Ausarbeitung der Theilentwürfe zu beauftragende Redaktoren verfaßt werden solle.

II. Die über den Umfang des künftigen Gesetzbuches von der Kommission gefaßten Beschlüsse gingen dahin:

1. Das bürgerliche Gesetzbuch soll sich auf das gesammte bürgerliche Recht erstrecken, mit den nachfolgenden Ausnahmen und näheren Bestimmungen.

2. Ausgeschlossen und der Ordnung durch das neue Handelsgesetzbuch oder durch Spezialreichsgesetze überlassen bleiben:

a) das den Gegenstand der Wechselordnung und des jetzigen Handelsgesetzbuches bildende Recht, einschließlich des Rechtes der Aktiengesellschaften,
b) das den Gegenstand der Seemannsordnung und der seerechtlichen Spezialgesetze bildende Recht,
c) das Recht der Erwerbs- und Wirthschaftsgenossenschaften,
d) das Binnenschifffahrtsrecht,
e) das gesammte Versicherungsrecht,
f) das Verlagsrecht.

3. Ausgeschlossen bleiben ferner:

a) das Urheberrecht, das Recht des Patent-, Marken und Musterschutzes,
b) die Bankgesetzgebung, vorbehaltlich der in das bürgerliche Gesetzbuch aufzunehmenden Bestimmungen über Inhaberpapiere,
c) das Post- und Telegraphenrecht,
d) das Bergrecht, vorbehaltlich der künftigen Prüfung der Frage,

---

[1]) Dieselbe ist demnächst für alle Berathungen der ersten Periode (§ 20) maßgebend geblieben.

wieweit einzelne dessen Gebiete angehörende Bestimmungen in das bürgerliche Gesetzbuch aufzunehmen seien.

4. Ausgeschlossen bleibt weiter das Lehnrecht und das Recht der Stammgüter, vorbehaltlich der künftigen Entscheidung der Frage, ob diese Institute ferner zuzulassen, und welche Stellung ihnen eventuell zu den Bestimmungen des bürgerlichen Gesetzbuches zu geben sei.

5. Der späteren Entscheidung der Kommission bei Berathung des Sachenrechtes und bezüglich des Erbrechtes bleibt vorbehalten, in Betreff:

a) des Erbpachtrechtes, Erbzinsrechtes und der Emphyteusis,

b) des Rechtes der Reallasten und der Bann- und Zwangsrechte,

c) des Näherrechtes,

d) des in einzelnen Theilen des Reiches bestehenden besonderen bäuerlichen Güterrechtes,

e) der Familienfideikommisse

festzustellen, ob diese Institute ganz oder theilweise zu beseitigen, eventuell ob und inwieweit dieselben in dem bürgerlichen Gesetzbuche zu ordnen seien oder die Ordnung der Landesgesetzgebung zu überlassen sei.

6. Raum zu lassen innerhalb näher zu erwägender Grenzen ist der Landesgesetzgebung für das Forstrecht, das Wasserrecht einschließlich des Mühlen-, Flötz- und Flößereirechtes, das Fischereirecht, das Jagdrecht, das Deich- und Sielrecht, das Bau- und Nachbarrecht, das Recht der Gemeinheitstheilungen, der Ablösungen von Reallasten, Dienstbarkeiten und Zwangs- und Bannrechten, das Recht der Zusammenlegung von Grundstücken, das Enteignungsrecht und das Gesinderecht.

7. Inwieweit die privatrechtlichen Bestimmungen einzelner Reichsgesetze in das bürgerliche Gesetzbuch unverändert oder mit Modifikationen aufzunehmen, ingleichen wieweit die in dem Entwurf der bürgerlichen Prozeßordnung und der Konkursordnung enthaltenen privatrechtlichen Bestimmungen zu berücksichtigen und in das bürgerliche Gesetzbuch unverändert einzureihen oder abzuändern seien, oder inwieweit solche Bestimmungen besonders in Kraft zu erhalten, ist der künftigen Beschlußfassung bei Berathung der einzelnen einschlagenden Rechtsmaterien und des Einführungsgesetzes vorzubehalten.

III. In Ansehung der Eintheilung des in das Gesetzbuch aufzunehmenden Stoffes schloß sich die Kommission den in § 17 mitgetheilten Vorschlägen der ersten Kommission an. Was dagegen die Vertheilung der Arbeit unter die Redaktoren betrifft, so erachtete sie die auf Verbindung der Redaktion des ehelichen Güterrechtes mit der des Erbrechtes und auf die Wahl z w e i e r Redaktoren für das Sachenrecht gerichteten Vorschläge der Vorkommission für bedenklich, während sie einen besonderen Redaktor für die nicht dem besonderen Theile des Gesetzbuches zu-

zuweisenden Rechtsmaterien für nöthig hielt. Die bezüglichen Beschlüsse der Kommission lauteten:

1. Das bürgerliche Gesetzbuch hat zu zerfallen in

A. einen allgemeinen Theil,

B. einen besonderen Theil, nämlich:

a) das Sachenrecht mit Einschluß des Pfandrechtes und des Rechtes des Besitzes,

b) das Obligationenrecht,

wobei vorbehalten bleibt die definitive Beschlußfassung, welcher terminus technicus (Recht der Forderungen, Recht der Schuldverhältnisse) zu wählen,

aus einem allgemeinen und einem besonderen Theil bestehend,

c) das Familienrecht (insbesondere Eherecht, Verhältniß zwischen Eltern und Kindern, Vormundschaftsrecht) vorbehaltlich der Beschlußfassung darüber, ob und inwieweit auch das sogenannte Personenrecht anzureihen und ob dann die allgemeine Bezeichnung „Familienrecht" zu ändern,

d) Erbrecht.

2. Die Vertheilung der Arbeit unter die Redaktoren erfolgt in nachstehender Weise:

I. Das Sachenrecht wird von einem Redaktor bearbeitet. Dieser hat zugleich zu behandeln die in den auf den Umfang des bürgerlichen Gesetzbuches bezüglichen Beschlüssen zu 3 d, 4, 5 und 6 berührten Fragen in Betreff des Bergrechtes, des Lehnrechtes, des Rechtes der Stammgüter, des bäuerlichen Güterrechtes und der Familienfideikommisse, des Erbpachtrechtes, des Erbzinsrechtes und der Emphyteusis,

soweit sie das Sachenrecht angehen,

ferner des Rechtes der Reallasten, der Zwangs- und Bannrechte und des Näherrechtes, ingleichen des Forstrechtes, des Wasserrechtes, des Jagdrechtes, des Deich- und Sielrechtes, des Bau- und Nachbarrechtes, der Ablösungen, Gemeinheitstheilungen und der Zusammenlegung von Grundstücken, auch des Enteignungsrechtes.

II. Ein Redaktor hat das gesammte Obligationenrecht, einschließlich der Lehre von der Schenkung unter Lebenden und von den Inhaberpapieren, sowie die in den Beschlüssen über den Umfang des bürgerlichen Gesetzbuches unter 6 erwähnte Frage des Gesinderechtes zu bearbeiten.

III. Ein Redaktor hat das Familienrecht, insbesondere das Eherecht mit Einschluß des ehelichen Güterrechtes, das Verhältniß zwischen Eltern und Kindern, ferner die Rechtsverhältnisse aus außerehelichem Beischlaf und das Vormundschaftsrecht zu bearbeiten.

IV. Ein Redaktor hat das gesammte Erbrecht zu bearbeiten, auch die in den Beschlüssen über den Umfang des bürgerlichen Gesetzbuches zu 4 bezeichnete Frage wegen des Lehnrechtes und der Stammgüter, sowie die zu 5 daselbst unter d und e erwähnten Fragen in Betreff des bäuerlichen Güterrechtes und der Familienfideikommisse, soweit sie das Erbrecht angehen, zu behandeln.

V. Ein Redaktor hat alle diejenigen, eine besondere Bearbeitung verdienenden Materien, welche nicht in die zu I., II., III. und IV. aufgeführten Redaktionsgebiete fallen,

ohne Präjudiz, ob eine Rechtsnorm aufzunehmen und wo diese ihre Stelle zu finden habe,

zu bearbeiten und insbesondere zu behandeln:

A. das Recht (sogenanntes Recht im objektiven Sinne), und zwar:
   a) Gesetz (lex scripta), Gewohnheitsrecht (verbindliche Kraft, Erforderniſſe, Beweis),
   b) Autonomie,
   c) Privilegien,
   d) zeitliches Gebiet des Rechtes (rückwirkende Kraft),
   e) räumliches Gebiet des Rechtes (sogenannte Kollision der Statuten), vorbehaltlich der Entscheidung, ob über das zeitliche und örtliche Gebiet des Rechtes etwas in das Gesetzbuch aufzunehmen;

B. die Rechte, wenn man von ihrem besonderen Inhalte absieht, und zwar:
   a) was das Subjekt der Rechte betrifft, das Personenrecht im engeren Sinne:
      α. Beginn und Ende der physischen Persönlichkeit (Rechtsverhältniß des Kindes im Mutterleibe; Konstatirung von Geburt und Tod; Verschollenheit; jus commorientium),
      β. Rechtsfähigkeit (Einfluß des religiösen Bekenntnisses, der Staatsangehörigkeit 2c.),
         vorbehaltlich der Prüfung, ob die Reichs-Spezialgesetze aufzunehmen oder im Einführungsgesetze oder im Gesetzbuche zu erwähnen,
      γ. Handlungsfähigkeit (Einfluß von Geschlecht, Alter, Gesundheitszustand, Interdiktion),
      δ. juristische Personen,
   b) was die Entstehung und den Untergang der Rechte (Veränderung) angeht,
      α. die Rechtsgeschäfte einschließlich der Verträge, Voraussetzung der Gültigkeit (Ernstlichkeit des Willens, Betrug,

Zwang, Irrthum), Heilung der Ungültigkeit, Auslegung, Selbstbeschränkung der Wirkung durch Bedingung, Befristung, Voraussetzung (modus),

β. die Verjährung der Ansprüche (Klagen) und die unvordenkliche Verjährung,

γ. die Regeln über Messung der Zeit,

δ. die Restitution (wenn sie angenommen werden soll),

c) was die Ausübung und Geltendmachung der Rechte angeht,

α. Chikane,

β. Kollision der Rechte und sogenannten Klagenkonkurs,

γ. Selbsthülfe,

δ. Einfluß des Prozesses auf das materielle Rechtsverhältniß: Beginn des Prozesses (Haftung des Beklagten für Früchte und Zinsen, und bei Untergang und Beschädigung des Prozeßgegenstandes 2c.), Litigiosität, Urtheil (Veränderung des Rechtszustandes während des Laufes des Prozesses, Rechtskraft), Beweis.

3. Sämmtliche Redaktoren haben zugleich die Bestimmungen des Einführungsgesetzes in Betreff der ihnen überwiesenen Theile vorzubereiten.

VI. Eine Reihe von Beschlüssen bezweckte, die Verbindung und den Gedankenaustausch der Redaktoren mit einander zu sichern und der Kommission die Möglichkeit der Kontrole und der endgültigen Feststellung und sachgemäßen Zusammenfügung der Einzelarbeiten zu wahren, beziehungsweise zu verhindern, daß die Theilentwürfe Widersprechendes enthielten, oder doch der unerläßlichen Harmonie entbehrten. Die hierauf sich beziehenden Beschlüsse sind in einer, auch den Geschäftsgang regelnden Instruktion für die Redaktoren zusammengefaßt worden.

Die Instruktion hatte folgenden Wortlaut:

1. Jeder Redaktor hat den ihm zugewiesenen Haupttheil des von der Kommission zu entwerfenden bürgerlichen Gesetzbuches auszuarbeiten und mit Motiven zu versehen.

2. Die Redaktoren sind jedoch verpflichtet, sich in regelmäßigen Sitzungen über Form und Inhalt ihrer Arbeiten zu besprechen und gegenseitig zu verständigen und hierdurch eine möglichst einheitliche Auffassung und Formgebung, sowie eine erschöpfende Behandlung des Gesetzgebungsstoffes zu erstreben.

3. Zu den Gegenständen, worüber die Redaktoren sich nach Anleitung der von der Kommission aufgestellten allgemeinen Gesichtspunkte zu verständigen haben, gehören insbesondere Form und Sprach-

weise des Gesetzbuches,[2]) sowie die für das Ganze oder doch für mehrere Haupttheile der Arbeit maßgebenden Grundsätze und systematischen Anordnungen und die Bestimmung zweifelhafter Grenzen der den einzelnen Redaktoren zugewiesenen Gebiete.

Die Besprechungen sollen sich auf alle Theile der Arbeit, soweit sie zu Zweifeln Anlaß geben, erstrecken und die Förderung einheitlicher Arbeit durch gegenseitigen Gedankenaustausch erzielen.

4. Der Präsident der Kommission wird sich über den Stand der Arbeiten durch zeitweise Theilnahme an den Sitzungen und Besprechungen der Redaktoren in steter Kenntniß erhalten, auf gleichmäßige Förderung der Arbeit und möglichste Ausgleichung von wichtigen Meinungsdifferenzen in angemessener Weise hinwirken und je nach dem Stande der Arbeiten die Einberufung der Kommission verfügen.

5. Mit der Leitung der Sitzungen und Besprechungen der Redaktoren, an welchen der Präsident der Kommission nicht selbst Antheil nimmt, wird von diesem einer der Redaktoren beauftragt, welcher auch die Verbindung zwischen den Redaktoren und dem Präsidenten vermittelt. Für diejenigen Sitzungen der Redaktoren, in welchen der von dem Präsidenten ernannte Stellvertreter desselben selbst referirt, wird von den Redaktoren ein anderer Vorsitzender aufgestellt.

6. Handelt es sich um die Verständigung über präjudizielle Fragen, so ist der Präsident der Kommission hiervon zuvor in Kenntniß zu setzen, um dessen Theilnahme an den betreffenden Sitzungen zu ermöglichen.

7. Soweit der einzelne Redaktor der Beihülfe weiterer Kräfte zur Sammlung von Materialien, Erstattung von Gutachten, Ausarbeitung einzelner Entwürfe oder sonstiger Vorarbeiten bedarf, wird der Präsident der Kommission auf Antrag des Redaktors das Erforderliche einleiten.

Bei Aufstellung von Hülfsarbeitern ist insbesondere auch auf die Vertretung derjenigen Rechtsgebiete Bedacht zu nehmen, welche nicht schon durch die Redaktoren vertreten sind.[3])

---

[2]) Das Protokoll über die Sitzung vom 19. September 1874 konstatirt das Einverständniß der Kommission darüber,

> „daß die Redaktoren sich, was die juristische Terminologie angeht, möglichst der deutschen Sprache bedienen sollen, soweit es, ohne in Purismus zu verfallen, ausführbar, und daß dieselben sich, abgesehen von den Fällen, wo reglementarische Bestimmungen zu geben sind, möglichster Kürze befleißigen und von Kasuistik frei halten sollen."

[3]) S. oben S. 61 Anm. 1.

8. Die Redaktoren haben nach Vollendung der erforderlichen Vorarbeiten und ehe sie mit der Durchführung ihrer Arbeiten im einzelnen beginnen, die Entscheidung der Kommission über die für die Ausarbeitung aller oder mehrerer递haupttheile des Entwurfes maßgebenden Gesichtspunkte, sowie über die Prinzipien, welche die einzelnen Theile des Entwurfes beherrschen, ferner über die Benutzung der etwa zu Grunde zu legenden Gesetzgebungsarbeiten herbeizuführen und zu dem Ende ihre Anträge dem Präsidenten vorzulegen. Der Präsident wird alsdann unter Mittheilung der Anträge den Zusammentritt der Kommission veranlassen.

Auch die Entscheidung über wesentliche Meinungsverschiedenheiten unter den Redaktoren bezüglich der Grenzpunkte ihrer Gebiete oder über gemeinschaftliche Lehren während der Dauer ihrer Arbeit bleibt der Kommission vorbehalten, welche zutreffenden Falls je nach Bedürfniß von dem Präsidenten unter Mittheilung der betreffenden Anträge einberufen werden wird.

9. Hat ein Redaktor die ihm zugewiesene Arbeit vollendet, so übergiebt er solche dem Präsidenten, welcher sofort den Entwurf nebst den Motiven den Mitgliedern der Kommission mittheilen und das Weitere zum Zwecke der Berathung durch die Kommission einleiten wird.

10. Die Bestellung des Hauptreferenten und die Bestimmung des hierfür, sowie für die Zusammenfügung der Theilentwürfe durch denselben geeigneten Zeitpunktes bleibt künftiger Beschlußfassung der Kommission vorbehalten.

Dieser Arbeitsplan, wie ihn die Kommission beschlossen hatte, zeigt von dem von der Vorkommission empfohlenen (oben S. 52 f.) im wesentlichen folgende Abweichungen:

1. Das Sachenrecht ist nur einem (nicht zweien) Redaktoren überwiesen.
2. Das eheliche Güterrecht ist dem Redaktor des Familienrechtes, nicht dem des Erbrechtes zugetheilt.
3. Es ist die Ausarbeitung eines allgemeinen Theiles gleichzeitig mit dem der übrigen Theile durch einen besonderen Redaktor in Aussicht genommen.

3. Die Ausführung der Arbeit.

a) Erste Periode: Die Arbeit der Redaktoren.

§ 20.

Die Kommission beschloß auf Antrag ihres Vorsitzenden, folgende Mitglieder zu Redaktoren für die im Nachstehenden näher bezeichneten Arbeitsgebiete zu ernennen:

1. für den allgemeinen Theil: den badischen Ministerialrath Gebhard;
2. für das Recht der Schuldverhältnisse: den württembergischen Obertribunalsdirektor von Kübel;
3. für das Sachenrecht: den preußischen Obertribunalsrath Johow;
4. für das Familienrecht: den preußischen Appellationsgerichtsrath Planck;
5. für das Erbrecht: den bayerischen Ministerialrath von Schmitt.

Von den Hülfsarbeitern waren zugeordnet
dem Redaktor zu 1.: Boerner;
dem Redaktor zu 2.: Vogel und nachmals Ege;
dem Redaktor zu 3.: Achilles und Martini, nachmals von Liebe;
dem Redaktor zu 4.: Braun und nachmals Struckmann;
dem Redaktor zu 5.: Neubauer.

Die Arbeit der Redaktoren erwies sich als viel zeitraubender, als man es sich vielleicht bei Beginn der Arbeit vorgestellt hatte. Schon allein die Sammlung und Sichtung des Materials — des geltenden Rechtes — erforderte große Mühewaltung. Dazu trat — immer abgesehen von der eigentlichen Arbeit der Formulirung des Gesetzentwurfes selbst — die Ausarbeitung sehr umfangreicher Motive. Im ganzen füllen die Vorarbeiten der Redaktoren, einschließlich „der die Einführung des Gesetzbuches betreffenden Arbeiten", sowie der gedruckten Zusammenstellungen und Theilentwürfe der Kommission (s. unten S. 71 f.), neunzehn nur für den internen Gebrauch der Kommission gedruckte Bände in Folio.

1879 war der Theilentwurf des Erbrechtes vollendet und wurde gedruckt; 1880 folgten im Drucke die Theilentwürfe des Familienrechtes und des Sachenrechtes. Die Kommission hatte beschlossen, nicht in die Berathung einzelner Theilentwürfe einzutreten, vielmehr die Berathungen erst nach Vollendung sämmtlicher Theilentwürfe zu beginnen. Die Fertigstellung des allgemeinen Theiles verzögerte sich wegen der hier zu überwindenden besonderen Schwierigkeiten, ist aber schließlich doch noch rechtzeitig gelungen. Dagegen übte es auf den Beginn der Berathungen der Gesammtkommission einen erheblich verzögernden Einfluß, daß der Entwurf des Rechtes der Schuldverhältnisse durch eine, schließlich, wie erwähnt (S. 60), tödtlich verlaufene, schwere Krankheit des Redaktors erheblich im Rückstande blieb. Man wollte die Hoffnung auf die Genesung des ausgezeichneten Mannes nicht aufgeben, man wünschte, ein Werk seiner Feder den Berathungen zu Grunde legen zu können; allein diese Aussicht erwies sich als trügerisch. Der Theilentwurf des Obligationenrechtes ist nie vollendet worden, den späteren Berathungen der Gesammtkommission hat im wesentlichen der sog. Dresdener Entwurf (s. oben § 10) zu Grunde gelegt werden müssen.

Die in Nr. 3 der Instruktion für die Redaktoren (S. 66) vorgesehenen Besprechungen derselben fanden wöchentlich statt, die erste am 29. September 1874; der in Nr. 5 der Instruktion (S. 67) vorgesehene Auftrag zur Leitung der Besprechungen und die Vermittelung des Verkehres mit dem Vorsitzenden war von diesem dem Obertribunalsrath Johow übertragen.

Um die in Nr. 8 derselben Instruktion (S. 68) vorgesehenen Entscheidungen zu treffen und über den Fortgang der Arbeiten zu beschließen, ist auch die Gesammtkommission während dieser ersten Arbeitsperiode mehrmals — im ganzen sechsmal — zu Berathungen zusammengetreten. Es fanden statt:

a) vom 4. bis 28. Oktober 1875 15 Sitzungen;
b) vom 18. September bis 25. Oktober 1876 23 Sitzungen;
c) vom 17. September bis 20. Oktober 1877 21 Sitzungen;
d) vom 4. bis 23. Oktober 1878 13 Sitzungen;
e) vom 30. Oktober bis 2. November 1879 4 Sitzungen;
f) am 28. und 29. Dezember 1880 2 Sitzungen.

Was in diesen Sitzungen im einzelnen berathen und beschlossen wurde, hatte, solange man daran das Fortschreiten des Werkes erkennen konnte, naturgemäß großes Interesse. Gegenüber dem vollendeten Werke kommen die einzelnen gefaßten Beschlüsse[1]) nicht mehr in Betracht, sie sind in den nachmaligen Gesammtberathungen geändert und hatten für diese keine präjudizielle Bedeutung.

In der letzten Berathung (Ende 1880) beschloß die Kommission, am 1. Oktober 1881 zur sachlichen Berathung der Redaktoren-Entwürfe zusammenzutreten. Diese Absicht ist ausgeführt worden, und damit beginnt die zweite Periode der Arbeit.

---

[1]) Einzelne Mittheilungen über diese finden sich in dem mehrerwähnten Separatabdruck Nr. 5 aus dem Reichsanzeiger von 1877 (s. oben S. 44 Anm. 1) S. 22 ff. (über die Berathungsperiode von 1875) und S. 30 f. (über die Berathungsperiode von 1876); ferner bei Gruchot Bd. 21 S. 235 ff. und weiter. Bd. 23 S. 83 (über die Berathungsperiode von 1878), Bd. 23 S. 429 (über die Berathungsperiode von 1879). — Die Angaben, welche über Einziehung von Gutachten und Auskünften seitens der Kommission in dem erwähnten Separatabdruck S. 20 ff., 24 ff gemacht sind, entbehren jetzt des Interesses.

b) Zweite Periode: Die Berathungen der Gesammtkommission.

§ 21.

Am 1. Oktober 1880 trat die Gesammtkommission zur Berathung auf Grundlage der Theilentwürfe — bezw. für einen Theil des Obligationenrechtes auf Grundlage des Dresdener Entwurfes (s. oben S. 70) — zusammen. Die von der Kommission für diese Berathungen beschlossene Geschäftsordnung ist nicht veröffentlicht worden. Ueberhaupt sind über den Gang dieser Arbeit keinerlei nähere Mittheilungen in die Oeffentlichkeit gedrungen. Die eingehendste, anscheinend aus Kreisen der Kommission stammende Schilderung[1]) lautet wörtlich, wie folgt:

„Die Kommission hatte sich bereits im Jahre 1874 für ein System entschieden, nach welchem das künftige Gesetzbuch aus fünf Büchern zu bestehen hätte: Allgemeiner Theil; Recht der Schuldverhältnisse; Sachenrecht; Familienrecht; Erbrecht.“ (Vgl. oben S. 64.) „In dieser Reihenfolge sind die Theilentwürfe der Redaktoren berathen worden. Die Schwierigkeiten, welche bei den Berathungen hervortraten, waren nicht leicht zu überwinden. Bei aller Mühe und Sorgfalt, welche die Redaktoren auf die Ausarbeitung und Formulirung ihrer Vorschläge verwandt hatten, konnten doch ihre Arbeiten die Individualität der Verfasser nicht verleugnen, so daß die Theilentwürfe, mit einander verglichen, in Form und Inhalt die größten Verschiedenheiten zeigten. Dieser Umstand erschwerte die Aufgabe der Kommission ungemein. Von der Bestellung eines Generalreferenten zur Herstellung der nothwendigen Harmonie wurde gleichwohl Abstand genommen. Vielmehr wurde ein Redaktionsausschuß gebildet, welcher aus dem Vorsitzenden der Kommission, aus dem Präsidenten von Weber und aus dem betreffenden Redaktor bestand. Der Vorsitzende stellte die in der Kommission beschlossenen Vorschriften in formulirten Gesetzesparagraphen zusammen. Diese „vorläufige Zusammenstellung“ wurde allen Mitgliedern der Kommission mitgetheilt. Der Ausschuß prüfte dann die erhobenen Ausstellungen und Gegenvorschläge und setzte nach mündlicher Berathung den Wortlaut der Paragraphen fest. Jeder auf

---

[1]) In von Kirchenheims Centralbl. f. Rechtswissenschaft Bd. 7 S. 203 f.

diese Weise hergestellte neue Theilentwurf[2]) wurde einer Nachprüfung durch die Kommission selbst unterzogen[3]) und im Fortgang der Berathungen, sobald ein Beschluß die Aenderung, Ergänzung oder Aufhebung eines früheren Beschlusses nöthig machte, ohne Verzug berichtigt. Nachdem das geschilderte Verfahren in Ansehung aller fünf Theilentwürfe abgeschlossen war, lag der „„Entwurf eines bürgerlichen Gesetzbuches für das Deutsche Reich (Erste Berathung)““ vor.“

Demnächst ist dieser Gesammtentwurf zum Zwecke der endgültigen Feststellung einer allgemeinen Revision unterzogen worden, welche am 30. September 1887 begann und bis gegen Ende Dezember dauerte und aus welcher der demnächst dem Reichskanzler überreichte (vergl. § 22) Entwurf hervorging.

Die Gesammtarbeit der Kommission hat sonach 13 Jahre und 4 Monate erfordert, von welchen 7 Jahre und 1 Monat auf die Arbeit der Redaktoren und 6 Jahre und 3 Monate auf die Berathungen der Gesammtkommission entfallen.

Während der letzteren Periode hat die Kommission, mit Ausnahme von Erholungsferien im Sommer, in der Regel wöchentlich drei Sitzungen gehalten; über jede derselben ist von einem der Hülfsarbeiter ein Protokoll aufgenommen worden, dessen Verlesung und Feststellung alsdann in einer weiteren (vierten) wöchentlichen Sitzung erfolgte. Diese Protokolle (im ganzen 734) sind nicht gedruckt, sondern nur in einer kleinen Zahl von Exemplaren metallographirt worden.[4]) Sie

---

[2]) Alexander-Katz a. a. O. (vgl. S. 44 Anm. 1) S. 7 nennt diese die „definitive Zusammenstellung von Beschlüssen“.

[3]) Von Alexander-Katz a. a. O. S. 8 als „Kommissionsentwurf“ bezeichnet.

[4]) Mit Recht ist man mit der Mittheilung der Redaktorenvorlagen und der Kommissionsprotokolle im höchsten Grade zurückhaltend gewesen und hat dieselben als nur für den internen Kommissionsgebrauch bestimmt behandelt. Gleichwohl scheinen einzelne Exemplare ihren Weg in außerhalb der Kommission stehende, namentlich akademische Kreise gefunden zu haben. Es wäre unseres Erachtens unrecht, ja höchst bedauerlich, wenn von diesem Materiale bei der demnächstigen Kritik Gebrauch gemacht würde. So wenig ein Autor, dessen Kollektaneen, Notizen, Entwürfe und Konzepte in dritte Hand gelangt sind, dulden würde, daß hierauf bei der Kritik seines Werkes zurückgegangen würde, ebensowenig braucht sich die Kommission ein solch ungehöriges Verfahren gefallen zu lassen. Sollte das Werk aus einer Kollegialberathung hervorgehen, so mußte eben jedes einzelne Mitglied in dem Kollegium verschwinden, seine

umfassen 12 309[5]) Folioseiten und geben die zur Berathung stehenden Vorschriften der Theilentwürfe, die Anträge der Mitglieder, die gefaßten Beschlüsse und zugleich deren Begründung vollständig wieder.

Verglichen mit dem ursprünglichen Arbeitsplane, wie ihn die Vorkommission in Vorschlag gebracht hatte (Nr. VII 4—6 der Vorschläge — oben S. 53 f.), zeigt das Verfahren der Kommission mehrfache Abweichungen. Es hat nicht eine Berathung der einzelnen Theilentwürfe, sondern erst aller Theilentwürfe zusammen stattgefunden. Die Bestellung eines Hauptreferenten ist unterblieben, vielmehr ist die diesem zugedachte Arbeit theils von dem Redaktionsausschusse, theils von der Gesammtkommission übernommen worden. Es war eine naturgemäße Folge des veränderten Verfahrens, daß greifbare Ergebnisse der Berathungen erst später zu Tage traten. Dies hat zu lebhaften Klagen geführt;[6]) ja sogar an Spott hat es nicht gemangelt.[7]) Die Kommission hat sich hierdurch nicht beirren lassen: der Erfolg der gründlichen Vorarbeiten war die unverhältnißmäßig schnelle Beendigung der Schlußrevision in nur drei Monaten. Jedenfalls wäre es verfehlt, dem vollendeten Werke gegenüber noch an der Zeit der Herstellung zu mäkeln.

4. Die Ueberreichung und Veröffentlichung des Entwurfes.

§ 22.

Die vom Bundesrathe gebilligten Vorschläge der Vorkommission hatten zwar (s. oben S. 54 Nr. VIII) eine Veröffentlichung des in erster Lesung festgestellten Entwurfes nebst Motiven und eine Mittheilung desselben an die Bundesregierungen vorgesehen. Darüber, wer diese Maßnahmen zu veranlassen habe, war nichts gesagt. Der Vorsitzende der Kommission überreichte unter dem 27.[1]) Dezember 1887 den Entwurf dem Reichskanzler. Der Inhalt dieses Berichtes ist

---

Ansichten, seine Anträge mußten in dem Ergebniß der Gesammtberathungen aufgehen. Ja, es läge eine starke Indiskretion darin, wollte man das Schicksal der einzelnen Anträge an die Oeffentlichkeit ziehen.

[5]) So nach der amtl. Ausg. des Entw. S. VI. — In von Kirchenheims Centralbl. Bd. 7 S. 214 ist die Zahl auf 12 314 angegeben.

[6]) So noch aus dem Jahre 1886 mit besonderer Schärfe Rassow in Gruchots Beitr. Bd. 30 S. 115.

[7]) von Völderndorff in der Krit. Vierteljahrsschr. f. Gesetzg. u. Rechtswissensch. Bd. 29 S. 89 i. d. W.: „je länger die bereits prähistorisch werdende Civilgesetzkommission in Berlin zu ihrem opus mirabile braucht".

[1]) Nicht 31., wie Alexander-Katz a. a. O. S. 8 angiebt.

amtlich nicht veröffentlicht; wohl sind eine Anzahl von Auszügen aus demselben in den Tagesblättern erschienen. Hiernach enthielt derselbe einige Mittheilungen über die Entstehung des Entwurfes, über die Ausarbeitung von Motiven zu demselben, über die im Falle der Einführung noch erforderlichen Nebengesetze.[2]) Der Entwurf ist bezeichnet als „Entwurf eines bürgerlichen Gesetzbuches für das Deutsche Reich. Erste Lesung" und enthält 2164 Paragraphen.

Nach den Beschlüssen der Vorkommission sollten, wie erwähnt, dem Entwurfe Motive beigegeben werden. Das Material zu solchen Motiven war vollständig enthalten in den von den Redaktoren ausgearbeiteten Motiven zu den Vorentwürfen (S. 69) und in den Berathungsprotokollen (S. 72 f.). Im Hinblick auf den Umfang dieses, die volle Rechenschaft über die Arbeit der Kommission enthaltenden Materials sind gedrängtere, die Uebersicht und Aufklärung erleichternde Motive zu dem Entwurfe aufgestellt worden. Die Ausarbeitung derselben ist durch die Hülfsarbeiter, zum Theil unter Anleitung der Redaktoren, erfolgt. Einer Prüfung und Genehmigung durch die Gesammtkommission haben dieselben nicht unterlegen.

Der Reichskanzler legte den Entwurf dem Bundesrathe vor, welcher auf Antrag des Ausschusses für Justizwesen am 31. Januar 1888 beschloß:

1. Der in erster Lesung festgestellte Entwurf eines bürgerlichen Gesetzbuches für das Deutsche Reich und die auf Grund der von den Redaktoren ausgearbeiteten Motive zu den Vorentwürfen und der Berathungsprotokolle der Kommission aufgestellte Begründung des Entwurfes werden veröffentlicht.
2. Der Herr Reichskanzler wird ersucht, zur Ausführung des Beschlusses das Erforderliche zu veranlassen und denselben mit dem Beifügen zu veröffentlichen, daß Besprechungen des Entwurfes bei dem Herrn Reichskanzler (Reichs-Justiz-Amt) eingereicht werden können.
3. Bestimmung über die zweite Lesung des Entwurfes bleibt vorbehalten.

Durch die Nr. 3 des Beschlusses hat der Bundesrath es abgelehnt, den von der Vorkommission vorgeschlagenen Weg der Bewerkstelligung der zweiten Lesung (s. oben S. 55 Nr. IX) ohne erneute Prüfung und Beschlußfassung als in Folge des Beschlusses vom 22. Juni 1874 (s. oben S. 58) bindend anzuerkennen.

---

[2]) Der letztere Theil des Berichtes ist im Zusammenhange abgedruckt bei Alexander-Katz a. a. O. S. 8—19.

Die Ausführung des Beschlusses ist in der Weise erfolgt, daß der Verlagsbuchhandlung von J. Guttentag (D. Collin) in Berlin und Leipzig die Herstellung und Verbreitung der amtlichen Ausgabe übertragen wurde. Von derselben sind demnächst ausgegeben worden:

1. Entwurf eines bürgerlichen Gesetzbuches für das Deutsche Reich. Erste Lesung. Ausgearbeitet durch die vom Bundesrathe berufene Kommission. XVI und 516 S.
2. Motive zu dem Entwurfe eines bürgerlichen Gesetzbuches für das Deutsche Reich. Bd. I. Allgemeiner Theil. 395 S.
3. Motive zu dem Entwurfe eines bürgerlichen Gesetzbuches für das Deutsche Reich. Bd. II. Recht der Schuldverhältnisse. 895 S.
4. Motive zu dem Entwurfe eines bürgerlichen Gesetzbuches für das Deutsche Reich. Bd. III. Sachenrecht. 869 S.
5. Motive zu dem Entwurfe eines bürgerlichen Gesetzbuches für das Deutsche Reich. Bd. IV. Familienrecht. 1274 S.
6. Motive zu dem Entwurfe eines bürgerlichen Gesetzbuches für das Deutsche Reich. Bd. V. Erbrecht. 711 S.

Sämmtliche Bände tragen den Vermerk „Amtliche Ausgabe".

Die dem Entwurfe selbst beigegebene, im Reichs-Justiz-Amt ausgearbeitete Einleitung schließt mit den Worten:

> „Demgemäß wird das Werk hiermit zur allgemeinen Kenntniß gebracht. Es kann nur willkommen sein, wenn nicht bloß die Vertreter der Rechtswissenschaft und die zur Rechtspflege Berufenen, sondern auch die Vertreter wirthschaftlicher Interessen von demselben Kenntniß nehmen und mit ihren Urtheilen und Vorschlägen zur Verwerthung für die weitere Beschlußfassung über den Entwurf hervortreten. Solche Kundgebungen können bei dem Reichskanzler (Reichs-Justiz-Amt) eingereicht werden."

5. Die der Kommission noch obliegenden Arbeiten.

§ 23.

Mit der Vollendung des Hauptentwurfes hat die Kommission ihre Aufgabe noch nicht als gelöst betrachtet; sie erachtet vielmehr — abgesehen von der Revision des Handelsgesetzbuches (s. oben S. 50 f., 55, 58) [1]) — noch folgende Nebengesetze als in Folge der Einführung des Entwurfes erforderlich:

---

[1]) Vgl. hierüber auch den Bericht des Vorsitzenden vom 27. Dezbr. 1887 bei Alexander-Katz a. a. O. S. 9 f. zu a. S. auch Anm. zu § 693 und zu § 1196 d. Entwurfes (amtl. Ausg. S. 153, 272).

1. Ein Einführungsgesetz,[2]) dessen Aufgabe es sein soll, „den Zeitpunkt zu bezeichnen, in welchem das bürgerliche Gesetzbuch in Geltung tritt, den räumlichen Geltungsbereich desselben zu bestimmen, den Begriff vom Gesetze, sowie den einem Vorbehalte für die Landesgesetze beiwohnenden Sinn zu verdeutlichen, und die nur transitorischen, namentlich die auf die bestehenden oder noch schwebenden Rechtsverhältnisse sich beziehenden Rechtsnormen aufzustellen", sodann „die Fragen, inwiefern das bisher geltende materielle Privatrecht durch das bürgerliche Gesetzbuch verdrängt und aufgehoben werde, also in welchem Umfange das bürgerliche Gesetzbuch auf dem Prinzipe der Kodifikation beruhe, klar und bestimmt zu entscheiden."[3]) Weiter soll das Einführungsgesetz bestimmen, „inwiefern die Vorschriften des bürgerlichen Gesetzbuches auf die privatrechtlichen Verhältnisse der Landesherren und der Mitglieder der landesherrlichen Familien, sowie der fürstlichen Familien Hohenzollern Anwendung finden, und inwiefern die privatrechtlichen Verhältnisse der vormals reichsständigen, seit 1806 mittelbar gewordenen Familien nach besonderen, von den Vorschriften des bürgerlichen Gesetzbuches abweichenden Rechtsnormen zu beurtheilen sind."

An anderen Stellen des Berichtes werden weiter noch als Gegenstände des Einführungsgesetzes bezeichnet:

a) die reichsgesetzliche Normirung der Erbfolge in bäuerliche Grundstücke, welche allerdings nur in der Weise beabsichtigt ist, daß die betreffenden Rechtsnormen nur dann und insoweit Anwendung finden sollen, „als deren Geltung für das ganze Gebiet oder gewisse Gebietstheile eines Bundesstaates durch Landesgesetz bestimmt wird, wobei zugleich der Landesgesetzgebung noch die Befugniß gewahrt bleiben muß, die eine oder die andere Rechtsnorm zu modifiziren oder von der Anwendung auszuschließen."[4])

---

[2]) Vgl. den Bericht vom 27. Dezember 1887 bei Alexander-Katz a. a. O. S. 8—12.

[3]) Der angef. Bericht enthält gleichzeitig bereits eine eingehende Darlegung, von welchen Grundsätzen in dieser Hinsicht bei Aufstellung des Entwurfes ausgegangen worden ist. Die bezüglichen Ausführungen gehören, weil nicht die Entstehungsgeschichte, sondern den Inhalt des Entwurfes betreffend, nicht in die gegenwärtige Darstellung. Das Gleiche gilt von den Mittheilungen des Berichtes über die Stellung der Kommission zu der Frage, ob in den Entwurf Vorschriften des internationalen Privatrechtes aufzunehmen seien (vgl. bei Alexander-Katz S. 18).

[4]) S. den angef. Bericht bei Alexander-Katz a. a. O. S. 16 ff., wo dieser Standpunkt auch näher begründet ist.

b) Vorschriften über die zeitliche Kollision des bürgerlichen Gesetzbuches mit älteren Rechtsnormen.[5])

Aus der großen Bedeutung des Einführungsgesetzes erklärt es sich, daß auch in den dem Entwurfe beigegebenen Anmerkungen an zahlreichen Stellen auf Vorschriften verwiesen wird, welche in jenem Gesetze zu treffen sein würden.[6])

Der Entwurf eines Einführungsgesetzes war insoweit vorbereitet, als von jedem Redaktor für den ihm zur Bearbeitung überwiesenen Theil des Gesetzbuches und für das Obligationenrecht von dem Hülfsarbeiter Ege unter Nachprüfung Kurlbaums ein Vorentwurf ausgearbeitet war. Die Kommission hat alsbald nach Ueberreichung des Hauptentwurfes die Berathungen über diese Entwürfe begonnen und die Berathung des Einführungsgesetzes bereits zum Abschlusse gebracht.

2. Ferner hat die Kommission als zur Ergänzung des Immobiliarsachenrechtes erforderlich erachtet die Erlassung einer über das formelle

---

[5]) S. a. a. O. S. 18 f.

[6]) Solche auf das Einführungsgesetz verweisende Anmerkungen finden sich:

zu	amtl. Ausg. Seite	zu	amtl. Ausg. Seite
§ 63	14	§ 1070	244
§ 71	17	§ 1105	252
§ 107	25	§ 1123	256
§ 365	80	§ 1245	283
Buch II, Abschn. 2, Tit. 14	145	§ 1250	285 ff.
§ 693	153	§ 1276	294
§ 697	155	§ 1314	304
§ 736	164	§ 1327	307
§ 746 u. § 747	168	§ 1375	321
Buch III	176 f.	§ 1451	345
§ 787	178	§ 1476	351
§ 831	189	§ 1478	352
§ 837	190	§ 1632	386
§ 846	193	§ 1634	387
§ 903	206	§ 1892	448
§ 949	217	§ 1914	454
Buch III, Abschn. 7, Tit. 1	221	§ 1924	457
§ 977	224	§ 1929	459
Buch III, Abschn. 7, Tit. 3	238	§ 1951	465
Buch III, Abschn. 8	239	§ 1974	471
§ 1056	240	§ 2057	490
Buch III, Abschn. 9, Tit. 1	241	§ 2121	506
§ 1062	243	§ 2156	514

Verfahren in Grundbuchsachen bestimmenden Grundbuchordnung.[7]) Dieselbe soll das Grundbuchwesen und das Verfahren der mit der Führung der Grundbücher beauftragten Behörden (Grundbuchämter) insoweit einheitlich ordnen, als die einheitliche Geltung der materiellen Vorschrift des bürgerlichen Gesetzbuches erfordert.[8]) Ein Entwurf nebst Motiven ist von dem Redaktor des Sachenrechtes ausgearbeitet und wird gegenwärtig (Juni 1888) von der Kommission berathen.

3. Weiter soll ein Entwurf zu einem besonderen Reichsgesetze über die Zwangsvollstreckung in das unbewegliche Vermögen ausgearbeitet werden, welches sowohl die materiell-rechtlichen als die auf das Verfahren bezüglichen Vorschriften enthalten soll, und dessen Ausarbeitung von dem Redaktor des Sachenrechtes in Angriff genommen ist.[9])

4. „Mit der Einführung des bürgerlichen Gesetzbuches ist die Erlassung besonderer reichsgesetzlicher Vorschriften angezeigt, durch welche das Verfahren in den das Familienrecht betreffenden Angelegenheiten, insbesondere in Vormundschaftssachen, insoweit einheitlich geordnet wird, als sonst die einheitliche Geltung der materiellen Vorschriften des bürgerlichen Gesetzbuches eine Beeinträchtigung erleiden würde. Die besonderen Vorschriften werden namentlich zu bestimmen haben: über die Zuständigkeit der Vormundschaftsbehörden, über die Anzeigepflicht, über die Voraussetzungen der Wirksamkeit der von den Vormundschaftsbehörden erlassenen Verfügungen und über die Wirkung einer im Rechtsmittelverfahren ergangenen abändernden Entscheidung."[10]) Der Redaktor des Familienrechtes hatte einen viel weiter gehenden bezüglichen Entwurf mit Motiven zur Vorlage gebracht, welcher bedeutend vereinfacht und in

---

[7]) Vgl. hierüber den angef. Bericht bei Alexander-Katz a. a. O. S. 12 f. — Verweisungen auf die zu erlassende Grundbuchordnung finden sich im Entwurfe in den Anmerkungen:

zu	amtl. Ausg. Seite	zu	amtl. Ausg. Seite
Buch III	177	§ 840	191
§ 787	178	§ 1062	242
§ 827 und § 828	187	§ 1107	253
§ 833	189	§ 1110	254
§ 837	190	§ 1208	274

[8]) Anm. zu Buch III des Entwurfes zu Nr. III (amtl. Ausg. S. 177).

[9]) S. angef. Bericht bei Alexander-Katz S. 13 f. — Verweisungen enthalten die Anmerkungen zu Buch III Abschn. 3 und zu § 1067 des Entwurfes (amtl. Ausg. S. 186, 243).

[10]) Anm. zu Buch IV des Entwurfes (amtl. Ausg. S. 279).

vereinfachter Gestalt auf die noch übrigen Extrajudizialsachen, namentlich die Nachlaßsachen auszudehnen sein wird, wobei auch die Berücksichtigung der Grundbuchsachen nicht ausgeschlossen wäre. 11)

---

11) S. den angef. Bericht bei Alexander-Katz S. 15.

Bezüglich der vorstehend zu 1 bis 4 erwähnten Nebengesetze hat der Bundesrath am 14. Juni 1888 beschlossen, der Kommission zur Ausarbeitung des Entwurfes eines bürgerlichen Gesetzbuches außer der Ausarbeitung des Entwurfes eines Einführungsgesetzes die Ausarbeitung von Entwürfen einer Grundbuchordnung, eines Gesetzes über die Zwangsvollstreckung in das unbewegliche Vermögen und, soweit hierzu der Kommission bis zu dem von dem Vorsitzenden derselben in Aussicht genommenen Termine (31. März 1889) Zeit verbleibt, auch die Ausarbeitung von Vorschriften zu übertragen, welche zur einheitlichen Durchführung der Bestimmungen des Gesetzbuches für das Verfahren in den Angelegenheiten der nicht streitigen Rechtspflege erforderlich sind. Damit hat die bezügliche Thätigkeit der Kommission ihre amtliche Grundlage erhalten.

Schluß.

§ 24.

Der Entwurf eines bürgerlichen Gesetzbuches für das Deutsche Reich ist zu dem Zwecke veröffentlicht worden, um durch möglichst zahlreiche und vielseitige Beurtheilungen desselben reiches Material für die zweite Lesung zu gewinnen. Die Kritik ist somit nicht nur Recht, sondern sogar Pflicht jedes Berufenen, vor Allem der deutschen Rechtswissenschaft. Diese Beiträge sind bestimmt, zur Lösung jener Aufgabe das Ihrige beizutragen.

Ehe an diese Arbeit herangetreten wird, ist in vorliegendem Hefte die Entstehungsgeschichte des Entwurfes darzustellen versucht worden. Es fragt sich, ob nicht aus ihr auch Gesichtspunkte entnommen werden können, welche für die kritische Aufgabe sich als fruchtbringend erweisen.[1])

Das Streben nach einem einheitlichen bürgerlichen Rechte erfüllt als nationaler Wunsch die deutsche Rechtsgeschichte seit dem Jahre 1814. Die Rechtswissenschaft wie der Juristenstand, die Organe der Einzelstaaten wie die Gesammtvertretungen Deutschlands haben die Nothwendigkeit einer Reform des Civilrechtes, und zwar im Sinne thunlichster Rechtseinigung, erkannt und dieselbe erstrebt. Bei jeder lebhaften Erregung des Volksbewußtseins, nach den Freiheitskriegen, in den Stürmen von 1848/49, nach dem Jahre 1866, nach dem großen Aufschwunge des Jahres 1870 — immer wieder taucht jener Wunsch auf. „Das Streben nach einer Rechtseinheit ist eben eine nothwendige Voraussetzung des nationalen Staates.“ [2])

Das einheitliche bürgerliche Recht ist nicht eine nützliche Einrichtung, welche aus Zweckmäßigkeitsgründen für sämmtliche Bundesstaaten

---

[1]) Es bedarf wohl keiner Hervorhebung, daß die folgenden Ausführungen lediglich die Anschauungen des Verfassers des gegenwärtigen Beitrages wiedergeben und keineswegs ein Programm enthalten, welches für die übrigen Beiträge bestimmend wäre.

[2]) Worte Miquéls, s. oben S. 35.

gleichmäßig geordnet werden soll. Es ist eine nothwendige Forderung, welche mit jeder Staatseinheit von selbst gegeben ist, aus ihr herauswächst. Der Staat, auch der Bundesstaat, ohne Rechtseinheit, erfüllt, wenn anders die Pflege des Rechtes einer der vornehmsten Zwecke des Staates ist, nicht die aus seinem Wesen folgenden Aufgaben.

Aus diesen, durch die historische Entwickelung gegebenen Sätzen folgt, daß die Erreichung des Zieles, welches der Entwurf sich setzt, eine nationale Angelegenheit von höchster Bedeutung ist, daß die bloße Thatsache der Rechtseinheit, ganz abgesehen von dem materiellen Werthe des Inhaltes der einheitlichen Rechtssätze, ein wesentliches Glied unserer nationalen Entwickelung bildet.

Die Entstehungsgeschichte des Entwurfes zeigt ferner die außerordentlichen Schwierigkeiten, mit welchen die Ausführung jeder Privatrechtskodifikation in Deutschland zu kämpfen hatte. In den Einzelstaaten, wie im Deutschen Bunde, ja auch im Reiche und bei Aufstellung des gegenwärtigen Entwurfes: wie viele Mühen, wie viele vergeblich aufgewandte Geistesarbeit, wie viele Enttäuschungen! Man betrüge sich nicht: der Entwurf eines bürgerlichen Gesetzbuches ist keine Arbeit, die man in der einen Gestalt verwerfen könnte, um sie in neuer sofort wieder zu beginnen. Ueberall, wo die Versuche der Kodifikation scheiterten, hat es an der Kraft gefehlt, das Werk wieder aufzunehmen und zu vollenden.

Fragen wir weiter nach den Gründen, die so oft den Mißerfolg der Bestrebungen veranlaßt haben, über welche in diesen Blättern zu berichten war, so steht die maßlose Kritik in vorderster Reihe. Sie verschuldete das Scheitern des bayerischen Entwurfes, sie gefährdete ernstlich das sächsische bürgerliche Gesetzbuch und verhinderte seine Ausdehnung auf Anhalt und Thüringen, sie hätte ohne Preußens, Oesterreichs und Bayerns Machtspruch das Handelsgesetzbuch zu Falle gebracht.

Der Kritik erwächst aus dieser Erfahrung eine schwere Verantwortung. Sie muß sich bewußt sein, daß sie durch einen ungünstigen Wahrspruch nicht nur den gegenwärtigen Entwurf gefährdet. Wir sind der festen Ueberzeugung: gelingt es nicht, auf Grund dieses Entwurfes jetzt zu einem bürgerlichen Gesetzbuche zu gelangen, so ist es um ein solches für absehbare Zeit überhaupt geschehen. Das wäre ein nationales Unglück.

Wir wollen darum keineswegs der Kritik die Augen verbinden, ihr die Pflichtwidrigkeit ansinnen, den Entwurf zu billigen, damit nur etwas zu Stande komme. Wohl aber folgen unseres Erachtens aus jenen historischen Erfahrungen gewisse nothwendige Schranken der Beurtheilung. Vor allem wird man — und das ist in Deutschland besonders wichtig — den Maßstab der Vergleichung mit dem Bestehenden nur mit größter Vorsicht anlegen dürfen. Wenn der Entwurf an die Stelle von drei großen Rechtssystemen, auf gewissen Gebieten an die Stelle von Hunderten von Partikularrechten zu treten bestimmt ist, so ist sehr wohl möglich, daß er hier und da nicht Besseres, sondern minder Gutes bringt — wenigstens Neues, was den in dem Bestehenden Befangenen als minder gut erscheint. Dem gegenüber ist zu erwägen, daß auch die Einheit ein Gut ist, und daß von dem großen Fortschritte, welcher in der Einheit liegt, auch nach Abzug des etwaigen Rückschrittes in der Einzelvorschrift fast immer ein Rest verbleibt.

Sodann aber beherzige man das Sprüchwort, daß das Bessere oft der Feind des Guten ist. Man mäkele und nörgele nicht am Kleinen, man frage nicht, ob etwas vorzüglicher hätte gemacht werden können, wenn das Gebotene nur brauchbar ist. Nur wenn dem „tolerari posse“ weiter Spielraum gewährt wird, ist Hoffnung auf das Gelingen.

Ob nicht trotz dieser aus den geschichtlichen Erfahrungen abgeleiteten Selbstbeschränkungen die gewissenhafte Kritik dazu gelangen wird, den Entwurf aus guten Gründen als zur Einführung nicht geeignet zu verwerfen, das muß die Zukunft lehren. Wäre dies das Ergebniß, dann wäre eben die Geschichte der erfolglosen deutschen Kodifikationsbestrebungen um ein Blatt reicher. Wir hoffen um des deutschen Volks- und Rechtslebens willen, der Entwurf werde seine Feuerprobe bestehen und auf seinem Grunde werde ein Werk errichtet werden, welches, wie es das preußische Landrecht trotz seiner vielberufenen Mängel thun wird, seinen hundertjährigen Geburtstag in frischer Lebenskraft feiert, nachdem es Generationen den Segen eines klaren, gerechten und volksthümlichen bürgerlichen Rechtes gespendet hat.

Druck der Norddeutschen Buchdruckerei, Berlin SW., Wilhelmstr. 32.

FSC
www.fsc.org
MIX
Papier | Fördert
gute Waldnutzung
FSC® C083411

Kolibri 360 GmbH
Ferdinand-Jühlke-Straße 7
99095 Erfurt, Deutschland
produktsicherheit@kolibri360.de